Mes secrets du foot

Du même auteur

Bandits à Marseille (*Borsalino*) récit, Julliard, 1968
Une saison de football, Editions N° 1, de 1979 à 2008
Berlusconi, le dossier vérité, Editions N° 1, 1994
Les Stars du football, Editions N° 1, de 1994 à 2008
Le Larousse du football, dictionnaire, Larousse, 1998
Mémo Foot, Editions N° 1 et Flammarion, de 1999 à 2003
Goncourt 32, roman, Flammarion, 1999
Je refais le match, autobiographie, Plon, 2005
Une romance marseillaise, roman, Buchet-Chastel, 2009

Eugène Saccomano

Mes secrets du foot

PLON

www.plon.fr

ISBN : 978-2-259-20979-3

Prologue

Le temps court aussi vite qu'un ballon de football au moment du penalty, comme dirait Peter Handke. Voici qu'arrive ma neuvième Coupe du monde et je suis tout autant passionné qu'à la première, en 1978, en Argentine. Le virus du football a traversé mon corps lorsque j'étais tout gamin, à la fin des années 40, à Salindres, près d'Alès, à quelques kilomètres de Rousson, le pays de Laurent Blanc. Au patronage, avec un curé qui relevait sa soutane pour essayer de nous rattraper et nous chiper le ballon à lacets de l'époque.

Je crois me souvenir que j'ai joué mes premiers matchs à l'Olympique alésien, en débutant, avec de vrais souliers de foot que mon Père Noël de papa m'avait offerts.

Plus tard, je progressais beaucoup plus facilement balle au pied que dans les salles d'études du lycée de Nîmes qui ne s'appelait pas encore Daudet. Avec notre entraîneur, Pierre Pibarot, qui était le coach des pros, excusez du peu, nous étions parvenus en finale juniors du championnat du Sud-Est en 1954, battus hélas par l'OM, 3 à 0.

L'année suivante, je disputais la toute première édition de la coupe Gambardella, toujours avec Nîmes, avant d'aller m'enterrer footballistiquement dans une équipe de division d'honneur du département voisin.

J'aimais trop les filles et pas assez les séances d'entraînement pour aller plus loin.

Le journalisme m'avait attrapé très tôt. Chroniqueur dans une feuille du lycée qui s'appelait *L'Ecole buissonnière*, je remportai le concours national du « meilleur radioreporter sportif junior » organisé par le quotidien *L'Equipe*. La récompense était énorme pour moi : un voyage aux jeux Olympiques d'Helsinki.

Le football allait me quitter pendant une dizaine d'années.

A Marseille où je débute réellement dans ce métier du journalisme en 1959, je suis à la locale du *Provençal* où je couvre la construction du tunnel sous le Vieux-Port, le gâteau des rois que tirent les marins-pompiers au premier de l'an, les hold-up du petit matin, les réunions politiques où Pagnol aurait fait son beurre.

Avec Philippe Séguin, pourvu d'une licence de lettres et qui interrompt provisoirement ses études aixoises, nous assurons fièrement la critique des films dans la page « Arts et spectacles ». C'est l'éclosion de la Nouvelle Vague française au début des années 60, de Bergman, des maîtres italiens et d'un cinéma américain qui se requinque après les péplums en Technicolor de l'après-guerre Au début de nos articles, il y avait même des cabochons avec notre photo. Nous en étions très fiers.

Philippe est déjà massif.

— Tu bouffes trop.

— Non, me dit-il, je bouffe mal.

Les cantines de l'Ecole normale, de la fac...

Son large sourire et ses yeux de baratineur pied-noir lui amènent quelques conquêtes, celles qui vont poser dans les chauds après-midis chez nos amis les peintres du Vieux-Port, Quilici ou Ferrari.

L'été, avec la 2CV Citroën que lui prête sa mère Denyse, institutrice à Draguignan, nous parcourons la côte pour interviewer les yéyés. Il y avait, comme le proposait un chanteur de l'époque, le ciel, le soleil, la mer. Philippe signe un long papier sur Sheila avec qui il devient copain. Comme moi avec Claude François.

Lorsqu'on se mêlait de politique – rarement –, il s'agissait de politique locale. Un jour, dans les vapeurs anisées d'un bar de banlieue, Gaston Defferre, grand patron du *Provençal* et maire de Marseille, attrape Philippe :

— Dites-moi, monsieur Séguin, j'ai lu votre papier d'hier sur le meeting de La Barasse. *Le Provençal* n'est pas *Le Monde*. Je vous demanderai d'être plus attentif à mes discours au lieu de dresser le décor du quartier. On s'en fout du décor. Méfiez-vous, hein...

Philippe s'inquiète :

— Tu crois qu'il va me virer, ce con ?

— Penses-tu, il ne va jamais au bout de ses menaces. Il fait peur pour être écouté.

C'était exactement cela, le caractère de Gaston, parpaillot cévenol.

Séguin, comme moi, d'ailleurs, avait une admiration cachée pour Gaston, authentique résistant qui avait investi *Le Provençal* mitraillette au poing en 44. Certes, son comportement autoritaire nous effrayait, mais ses subordonnés, à la mairie comme au journal, ne pouvaient rien lui reprocher sur le plan de l'intégrité et de son amour pour la ville.

Des années plus tard, en plaisantant, j'ai questionné Philippe :

— On dit que tu es vachard, ici, à Epinal. Tu t'es quand même pas inspiré de Gaston à Marseille ?

Et dans un grand éclat de rire :

— Mais si, figure-toi. Je ne laisse rien passer, comme Gaston.

Retour à ce fameux été 63. Philippe et moi, dès que nous le pouvions, nous quittions nos parasols pour rejoindre les stades de l'été où nous assistions aux matchs de préparation des équipes de L1 qui venaient toutes s'entraîner sur la Côte avant le début de la saison. Philippe Séguin était un authentique amoureux du ballon. Il l'a toujours revendiqué.

Dans la froideur lugubre de l'église Saint-Louis-des-Invalides, j'ai pleuré Philippe qui nous a quittés.

C'était l'un des rares hommes politiques à droite à n'avoir jamais trempé ses doigts dans la confiture, comme à gauche Lionel Jospin.

En 1972, sous Pompidou, alors qu'il était au cabinet du ministre de l'Agriculture, celui des Sports, Joseph Comiti, lui demande de rédiger ce que l'on appellera le « rapport Séguin » pour calmer la colère des footballeurs professionnels. Et voilà qu'il écrit ce qui est devenu la « Charte du football », toujours en vigueur, et crée la caisse de péréquation qui répartit entre les clubs, même les moins riches, les revenus et les rentrées financières de ce sport.

Il faut se souvenir qu'à l'époque la guerre faisait rage entre les différents acteurs du foot professionnel. Les présidents de clubs refusaient de signer des premiers contrats de moins de cinq ans.

Pour protester, fin 1972, le syndicat des footballeurs professionnels (UNFP) avait déclenché une grève historique qui tourna à la farce. Certains matchs ont lieu normalement, d'autres sont annulés, certains clubs alignent des équipes composées de joueurs amateurs étrillées par d'autres composées de non-grévistes (Paris FC-Metz : 1-11 !). La journée sera rejouée.

Toutes les propositions du rapport Séguin ont abouti à des mesures concrètes qui ont permis de mettre fin à un conflit entre joueurs et présidents de clubs. Elles ont organisé durablement les relations entre les salariés et les patrons du foot.

« Ce rapport, c'est une bible », dira Fernand Sastre, le président de la FFF. « Je retiens qu'on a défriché, on a régulé une profession comme le foot. C'est un acte fondateur. Peu de gens mesurent ce travail à sa juste valeur. Et quand je suis assis en tribune, je ne crois pas que beaucoup de mes voisins connaissent cette histoire... », concluait modestement Philippe quand il évoquait cette affaire.

C'est de ce rapport qu'est née la gouvernance actuelle du football français avec le système des familles qui veut que soient représentés à la Ligue tous les acteurs du foot : les présidents de clubs, certes, mais aussi les joueurs, les arbitres, les médecins...

Philippe aimait déjà le football et l'OM avant de rallier le Parc des Princes où on l'a souvent vu en tribune soutenir le PSG. Il m'assurait avoir assisté à l'historique OM-Forbach du 23 avril 1965 où, au Stade Vélodrome – et non pas à l'Huveaune comme le prétend la légende –, 434 supporters ont battu ce jour-là le record du plus petit nombre de spectateurs ayant suivi le grand club phocéen. Je sais qu'aujourd'hui, si on comptabilisait tous les témoignages de ceux qui affirment avoir été présents ce jour-là, le Vélodrome actuel ne suffirait pas pour accueillir tout le monde. Mais Philippe Séguin a véritablement assisté à ce match.

Depuis cette époque épique, Philippe et moi nous sommes revus régulièrement lors de déjeuners ou dîners pendant lesquels, immanquablement, nous parlions de foot et un peu de politique.

A l'arrivée de Giscard au pouvoir en 1974, il est d'autant plus déçu que l'homme qu'il respecte sans être son ami, Jacques Chirac, a fait perdre la famille gaulliste, la vraie, en écartant violemment Chaban-Delmas, l'homme de la Nouvelle Société.

— Comprends bien, me dit-il, moi qui suis un fidèle soldat de Capitant ou de Wallon, je ne peux pas suivre ces trompettistes du libéralisme.

— Et que vas-tu faire ?

— Attendre 81. Ne rien accepter sinon essayer de remuer à l'intérieur du mouvement. Ce sera ma traversée du désert.

A côté de la politique, je sais que, dans ses rêves secrets, Philippe Séguin s'était un temps imaginé diriger la FIFA. Il avait compris que c'était la seule véritable organisation mondiale, parce qu'elle avait réussi à imposer les mêmes règles dans tous les pays du globe. Il disait souvent : « Un carton rouge a plus d'efficacité qu'un cessez-le-feu. Ah, si l'ONU avait l'efficacité de la FIFA ! »

Dans ses belles années de maire d'Epinal, Philippe encourageait régulièrement l'équipe de Monaco, descendant souvent dans la principauté. Il était resté l'ami fidèle du président Campora.

Après avoir écrit *Bandits à Marseille*, qui deviendra au cinéma *Borsalino*, je suis engagé par la rédaction parisienne d'Europe 1 pour présenter flashes et journaux. Je ne suis pas très bon, et même carrément mauvais car je plonge, à trente-trois ans, de la presse écrite à la presse radio. Adieu le style fleuri et bavard, place à la concision et à la rigueur.

Depuis quelques années, le football était réapparu dans ma vie, un football de plaisir dans les équipes d'anciens.

Et puis, en ce début des années 70, une place se libère au service des sports. J'y cours.

J'ai raconté mes premiers reportages de sport dans le livre *Je refais le match*, paru également chez Plon. Je ne vais pas recommencer. J'essaierai simplement de vous dire comment le football est revenu à la surface dans ma vie de tous les jours.

C'est vrai, je m'étais évadé vers les livres, étant, comme le dit Fabrice Luchini en m'aspergeant de compliments, un spécialiste de Céline. Mais nous n'allons pas démarrer sur la littérature. Je suis de ceux qui ne mettent pas de passerelles entre les passions. J'aime le foot et les livres, point. Pas l'un en même temps que l'autre, même si Camus et Céline furent de bons gardiens de but.

L'été 2001 fut radieux. Je quitte une maison dont je n'aimais plus les chefs, sauf le grand patron Jean-Luc Lagardère qui a tout fait pour me retenir.

Comme un footballeur signant son dernier contrat, je traverse l'avenue Montaigne pour rejoindre RTL. Noël Couëdel m'avait convaincu de devenir, comme il le disait, la voix du football sur RTL. « Le transfert de l'année », titraient les rubriques médias des quotidiens. Sur la première radio de France, j'installe l'émission « On refait le match » le lundi soir. J'essaie de m'entourer des meilleurs spécialistes, de confrères qui vont sur les stades, recueillent des infos et sont à même de faire des synthèses étayées sur les clubs et les équipes nationales. Règle absolue : pas de langue de bois, pas d'hypocrisie. Bien évidemment, le ton polémique va emballer les auditeurs en agaçant quelquefois joueurs ou dirigeants. Ils suivent régulièrement l'émission même s'ils sont à l'étranger, en Italie, en Angleterre, en Espagne. En accord avec RTL, LCI va diffuser l'émission pendant des années avant de se concentrer sur la politique et l'économie comme le souhaite Jean-Claude Dassier, futur président de l'OM.

En dehors de l'émission, j'assure les commentaires pour RTL des grands matchs de championnat, de la Ligue des champions et de l'équipe de France.

Cela fait presque dix ans que je suis à RTL. Tellement heureux ! Et nous venons de nous associer avec I>Télé, la chaîne d'infos la plus suivie, qui diffuse donc tous les lundis soir « On refait le match ».

Dans ce bouquin dont vous allez entamer la lecture, j'essaie de raconter des petits secrets, des confidences, des informations. Le contenu des chapitres ne sera pas étranger à ceux qui suivent l'actualité du football, mais ils découvriront peut-être l'envers du décor.

Attention, j'ai volontairement choisi des dossiers ou des sujets que je crois bien connaître comme l'équipe de France et Domenech, l'OM, le Paris Saint-Germain, Platini ou Maradona. Il fallait faire des choix. J'ai peut-être laissé en route des hommes ou des clubs qui font aussi l'histoire du foot français.

1

Raymond Domenech, l'insatiable provocateur

Je dois avouer que je me sens très partagé dans mon jugement lorsque je me penche sur le cas de Raymond Domenech. C'est un personnage complexe, riche et attachant, probablement beaucoup plus cultivé et ouvert que la plupart des acteurs du milieu du football. Il a plutôt bien mené sa barque comme sélectionneur des Espoirs. Mais, malheureusement, je pense que c'est un mauvais sélectionneur pour les A. Et le pire, c'est que, à trop durer dans cette fonction, il a réussi à se faire unanimement détester. J'adhère au propos d'Aimé Jacquet qui estime que le poste de sélectionneur est trop exigeant et épuisant pour que quelqu'un puisse l'exercer plus de quatre années. Domenech aurait dû tirer les leçons du désastreux Euro 2008 et quitter ses fonctions de lui-même.

— Pourquoi veux-tu que je quitte le navire ? Quand on a signé un contrat, on le respecte.

J'ai connu Raymond Domenech alors qu'il était encore joueur à l'Olympique lyonnais. Mais c'est surtout à Strasbourg, en 1978-1979, l'année du seul titre de champion de France du RCS, que je l'ai découvert. Il y est resté quatre saisons entre 1977 et 1981, et il a trouvé sa place au sein d'un groupe intéressant qui, sous la direction de Gilbert Gress, comptait dans ses rangs de fortes personnalités comme Francis Piasecki, Roger Jouve, Albert Gemmrich…

A l'époque, Domenech restait sur la réserve. Il lançait quelques vannes mais demeurait relativement discret. Avec tout de même, déjà, ce côté provocateur qu'on lui connaît. Je me souviens qu'il avait déclaré peu de temps avant son arrivée : « Je ne me sens pas alsacien. J'ai d'ailleurs très peu de contacts avec les Alsaciens. » Mais pour nous, les journalistes, c'était bien les Alsaciens de l'équipe, Léonard Specht et Albert Gemmrich, dont on dit qu'ils sont en général taiseux, qui faisaient notre miel avec leurs déclarations et leurs commentaires de matchs truculents.

Et puis il y a eu la longue période de 1993 à 2004, pendant laquelle Domenech a dirigé les Espoirs. C'était très sympa de travailler avec lui. Il était ouvert, disponible, avec toujours un ou deux bons mots. Ses analyses des matchs étaient parfaites, taillées au cordeau pour nos médias. C'est quelqu'un qui lit, qui va au cinéma, au théâtre. Depuis Fernand Sastre, je n'avais jamais connu un type aussi cultivé à la Fédé.

Je garde un très bon souvenir de la finale de l'Euro 2000, à Rotterdam : d'abord la France, coachée par Lemerre, a remporté sur le fil un match qui paraissait perdu, et ensuite le duo que j'ai constitué pour l'occasion avec Domenech a parfaitement fonctionné. Je devais en principe commenter le match en direct sur Europe avec Guy Roux. Mais Guy devait rester disponible pour TF1 dont les postes de commentateurs étaient installés de l'autre côté du stade. C'était injouable. J'ai donc proposé à Domenech de faire équipe avec moi le temps de ce match exceptionnel.

Non seulement il n'a pas réclamé un centime pour faire profiter l'antenne de son expertise, ne demandant en plaisantant que quelques places de théâtre en dédommagement, mais il m'a également sidéré tellement il a été excellent. Il voyait tout. Ses prises de parole étaient pertinentes et bien calibrées pour la radio.

Surtout, ce qui m'a épaté, c'est la façon dont il est resté parfaitement serein jusqu'à la dernière seconde. C'était un match à vous donner des palpitations. La France était menée 1-0 jusqu'à la fin du temps réglementaire et l'égalisation *in extremis* de Wiltord. Elle est chahutée dans la prolongation jusqu'au but en or de Trézéguet. Eh bien, alors que je me lamentais, que je pleurais déjà sur le triste sort de ces champions du monde qui ne seraient pas champions d'Europe, Raymond, lui, n'a jamais désespéré. Il ne cessait de me dire :

— Attendez, Eugène, il reste un peu de temps.

— Comment voulez-vous inverser une telle tendance en quelques secondes ?

— Non, ce n'est pas fini. Tout peut arriver.

Je dois dire que, sur ce coup-là, Raymond Domenech m'a bluffé.

Le problème, c'est que les Français n'attendent pas du sélectionneur de l'équipe de France qu'il commente bien les matchs de foot ou étale sa culture. Ils veulent des victoires et à tout le moins des beaux matchs. Or avec Domenech, globalement, il n'y a eu ni l'un ni l'autre. Même du temps où il dirigeait les Espoirs, il n'a jamais su ni les faire gagner ni leur donner un style de jeu vraiment satisfaisant.

Seul un titre honorifique de vainqueur du modeste tournoi de Toulon est venu garnir son palmarès. Alors Domenech peut toujours alléguer que ce n'était pas son objectif à l'époque, que son travail consistait surtout à préparer une génération pour s'épanouir en A. C'est vrai, la quasi-totalité des internationaux français des années 2000 est passée, en Espoirs, entre les mains de Raymond Domenech. Mais, à l'arrivée, le même phénomène se reproduit avec l'équipe de France : sous sa direction, elle ne gagne pas. Ou peu.

J'ai été très marqué par l'emballement médiatique qui s'est déclenché après la qualification de l'équipe de France pour la Coupe du monde 2010. J'ai assisté évidemment aux matchs aller et retour du barrage face à l'Irlande.

Nous sommes d'abord arrivés en Irlande sous une pluie battante. Bien entendu, il était inutile de se rendre à l'hôtel de l'équipe de France qui était fortifié, soumis à une surveillance renforcée. Nous sommes conviés à la traditionnelle conférence de presse des veilles de match. Elle se tient à vingt kilomètres du centre-ville, dans un grand hôtel près de l'aéroport. On nous a installés dans une salle immense où se pressaient près de deux cents journalistes et nous avons assisté à une scène proprement hallucinante. Thierry Henry et Raymond Domenech se sont livrés à l'exercice d'une langue de bois éhontée à faire pâlir d'envie les plus sinistres apparatchiks de l'ancien bloc de l'Est :

— Nous verrons.

— Nous aviserons.

— Ça dépend.

— Je ne comprends pas votre question.

— C'est votre avis, pas le mien.

Aucune information sur l'équipe, ni sur la manière dont elle pourrait jouer. Rien sur l'état de forme des joueurs. Je sais bien qu'il ne faut pas offrir à son adversaire des indications capitales, mais pour avoir assisté à d'autres conférences de presse données par d'autres sélectionneurs du calibre de Capello ou même du triste Hiddink, on peut en tirer quelques phrases pouvant être intéressantes entre la discrétion et le néant.

Ne jamais oublier que nous sommes la courroie de transmission entre l'équipe et le public. Ce n'est pas le problème de Domenech. Je dirai même qu'il s'en fout.

Pour couronner le tout, la traductrice s'est mélangé les pinceaux. Elle a traduit par moments le français de Thierry Henry en... français.

Pour autant, le lendemain, le match ne s'est pas trop mal passé pour l'équipe de France. Elle est rentrée à Clairefontaine avec un but d'avance.

Pour le match retour, je me trouve au Stade de France, au pupitre des commentateurs entre Christian Ollivier et Bixente Lizarazu, qui, comme moi, commentait la rencontre et livrait ses analyses à chaud. On se rend très vite compte, et on le dit, que c'est un match lamentable. L'équipe de France ne propose aucun jeu, semble timorée, mal organisée, empêtrée entre une défense aux abois, un milieu de terrain inefficace et des attaquants inexistants. Nous signalons et dénonçons la main de Thierry Henry, mais bon, il faut le dire, nous sommes tout de même soulagés de constater que, malgré tout, l'équipe de France se qualifie pour le Mondial.

Ce qui nous choque, au coup de sifflet final, c'est de voir les joueurs entamer un tour d'honneur. Et Liza déclare : « Après un match comme ça, la seule possibilité, c'est de sortir discrètement, la tête basse. »

Ensuite, nous retrouvons Raymond Domenech pour une émission spéciale de RTL, dans le sous-sol du Stade de France où un studio est installé. Au cours de cette émission, Lizarazu pose pas mal de questions au sélectionneur. Liza reste très calme, très poli. Il a bien intégré le fait que RTL est la radio officielle de l'équipe de France. Il en tient compte et ne se livre pas à une attaque en règle du sélectionneur. Mais il fait son boulot de consultant, cherche à donner de l'information. Il demande même fermement des explications sur cette minable sortie des Bleus. Et là, Domenech le prend de haut, répond à côté comme il sait si bien le faire, déclare que l'essentiel c'est la qualification et qu'il ne s'intéresse absolument pas au reste. Le ton monte. Liza ne se laisse pas faire. Domenech finit par s'en aller. Sans esclandre, mais il part alors que l'entretien n'est pas terminé.

Dès le lundi, Liza en remet une couche sur LCI. Pour ma part, je suis invité à l'émission « Mots Croisés » présentée par Yves Calvi sur France 5. L'ancien international Vikash Dhorasoo, la ministre des Sports Rama Yade et le philosophe Alain Finkielkraut participent également à l'émission. On évoque d'abord les violences entre supporters lors du match Algérie-Egypte et les manifestations de joie, notamment à Marseille, des jeunes Français d'origine algérienne. Finkielkraut se dit outré par cette passion un brin saccageuse, lui qui trouve qu'il y a trop de Noirs chez les Bleus. Comme Frêche. J'explique pour ma part que, arrière-petit-fils d'Italien, j'aurais peut-être eu la même réaction en faveur de l'équipe d'Italie, si je n'avais pas été bébé en 1938 quand elle a remporté la Coupe du monde. Là, Rama Yade a abondé dans mon sens, ajoutant qu'elle, qui avait été sénégalaise jusqu'à vingt-deux ans, comprenait parfaitement cette situation. Pour l'anecdote, elle rappelle qu'elle avait galéré dans les préfectures pendant des mois et des mois pour devenir française.

— Vous avez eu tout de même un peu de chance, ai-je fait remarquer.

— Ah oui ? Pourquoi ?

— Eh bien, il n'y avait pas Hortefeux à cette époque-là !

— Oh, vous êtes cruel, a dit en souriant la belle Rama.

Et puis la question de la main d'Henry est venue sur le tapis.

Ce jour-là, l'affaire avait déjà pris une dimension nationale, voire internationale. La presse irlandaise s'était déchaînée contre Henry, le gouvernement irlandais avait demandé que le match soit rejoué ou que l'Irlande soit le trente-troisième qualifié pour la Coupe du monde. En France, tous les éditorialistes se fendaient d'un commentaire sur ce qui était le buzz du moment.

Franchement, je ne sais pas si cela en valait la peine. La main d'Henry est un fait de jeu, certes condamnable, mais ce n'est ni le premier ni le dernier.

L'introduction de l'arbitrage vidéo s'est évidemment invitée au cœur du débat, mais l'utilisation de cette technique qui nous ferait sortir du Moyen Age cher à Michel Platini ne peut être décidée que par l'International Board. Cette institution, vénérable et hermétique, blanchie sous le poids des ans, édicte les lois du football depuis plus d'un siècle et demi. Elle est composée de vieilles barbes qui banquettent deux fois par an et représentent les quatre nations britanniques, Angleterre, Ecosse, pays de Galles et Irlande, avec quatre autres dirigeants élus qui officient pour le reste du monde. Il faut six voix sur huit pour faire passer une modification du règlement. Donc, si les British ne sont pas d'accord, vous pouvez ranger vos billes. Quelle démocratie ! Quand on vous dit que le foot est le sport le plus réactionnaire de la planète...

Alors pourquoi tant de passion soudaine et tant d'hystérie pour fustiger ce qui, je le rappelle, constitue tout de même la quatrième qualification consécutive d'une équipe de France de football pour la phase finale d'une grande compétition (Euro, Coupe du monde), ce qui ne s'était encore jamais produit dans l'histoire des Bleus !

C'est bien évidemment davantage la manière que le fond qui a provoqué l'ire du versatile peuple français. Ce n'est pas très digne d'obtenir son billet pour la Coupe du monde à l'issue de matchs qualificatifs laborieux et de barrages remportés *in extremis* grâce à un but illicite. Et cette manière nous ramène, encore une fois, à la personnalité controversée de Domenech.

Je n'oublie pas que, après la finale de la Coupe du monde 2006, l'équipe de France s'est bien sortie des qualifications pour l'Euro 2008. Avec notamment une belle victoire (3-1) au Stade de France devant l'Italie : une revanche. Puis un nul (0-0) obtenu, un an plus tard, à San Siro. Quatre points pris au champion du monde en titre. Il y avait de quoi rêver.

Et c'est même peut-être là que le bât blesse. Durant cette période, l'équipe de France de Domenech, emmenée par un Franck Ribéry à qui rien ne semblait devoir résister, a suscité de nouveaux espoirs. Qui furent d'autant plus froidement douchés à l'Euro 2008. Où la France n'a jamais produit un match du niveau d'un prétendant au titre. Et où elle s'est laissé marcher dessus par les Pays-Bas (1-4) et l'Italie (0-2) sans même avoir réussi à battre la Roumanie (0-0) pour son premier match du tournoi.

Depuis, le public français reste légitimement sur cette impression détestable. Parce que plus jamais, au niveau du jeu comme de l'expression publique du sélectionneur et des prestations individuelles des joueurs en sélection (excepté les derniers matchs d'Hugo Lloris), le renouveau des Bleus n'a paru possible. La France a été capable de réactions comme en Roumanie, le 11 octobre 2008 en qualifications pour la Coupe du monde, lorsqu'elle fut menée 2-0 avant de revenir au score grâce à Ribéry et Gourcuff. Elle s'est révoltée contre un coup du sort comme le penalty injuste qui entraîna l'expulsion de Lloris dès la treizième minute du match décisif en Serbie (1-1, le 9 septembre 2009 à Belgrade). A dix contre onze, menés au score, les Bleus ont eu assez de ressources pour égaliser puis malmener leur adversaire. Mais ils n'ont jamais semblé en mesure de maîtriser le jeu, de s'imposer facilement, même contre des adversaires d'un calibre bien inférieur.

Cette équipe de France est tout de même composée de joueurs évoluant dans quelques-uns des meilleurs clubs européens, dont certains d'expérience (Gallas, Anelka, Henry, Ribéry...) et d'autres de grand talent (Gourcuff, Lloris, Diarra)... Bien des sélectionneurs envient le choix dont dispose Raymond Domenech au moment de bâtir sa sélection.

C'est donc la personnalité de Raymond Domenech et sa gestion des Bleus, bien plus que la main d'Henry ou le niveau des joueurs, qui a cristallisé la rancœur du public français. Elle s'est focalisée sur cet incident de jeu regrettable, mais je n'ose imaginer la curée si l'équipe de France avait été éliminée après un match de barrage perdu contre la modeste Irlande au Stade de France. On aurait vécu un scénario à la Bulgarie-France de novembre 1993, quand les Bleus avaient laissé échapper leur billet pour la Coupe du monde aux Etats-Unis. Seulement, le barnum médiatique autour de l'équipe de France est incroyablement plus volumineux aujourd'hui qu'il y a vingt ans.

J'étais à Naples en janvier 1994 pour le premier match d'Aimé Jacquet en tant que sélectionneur après le traumatisme de l'élimination de la Coupe du monde qui avait coûté sa place à Gérard Houllier. Jacquet était son adjoint et il avait logiquement succédé à celui qui allait devenir directeur technique national tant il est vrai que personne ne souhaitait occuper cette place. A Naples, la France l'avait emporté (1-0) sur l'Italie, sans avoir vraiment maîtrisé son affaire, grâce à un coup franc de Youri Djorkaeff. Mais, à cette époque, nous n'étions au maximum qu'une trentaine de journalistes français à suivre l'équipe de France lors de tels déplacements. Nous voyagions dans l'avion des Bleus, les conférences de presse se tenaient dans le petit salon d'un grand hôtel. Il n'était pas question de vie ou de mort, de l'« odeur du sang », pour reprendre l'expression maladroite de Raymond Domenech avant les matchs décisifs contre la Roumanie et la Serbie à l'automne 2008.

La situation est aujourd'hui radicalement différente, et Domenech ne peut plus plaisanter en connivence avec quelques journalistes qui le connaissent, comprennent son humour ou ses maladresses verbales et tempèrent parfois leurs réactions.

Avant un match Pologne-France (0-0) comptant pour les qualifications pour le championnat d'Europe 1996, Aimé Jacquet avait ainsi commenté la visite des Bleus, la veille du match, au camp de concentration d'Auschwitz : « C'est bien, ça nous détend… »

Maladresse, évidemment. Mais comme nous n'étions que quelques-uns à avoir entendu, on n'en avait pas fait toute une affaire. Et pourtant, il y avait déjà pas mal de commentaires critiques autour de Jacquet à cette époque.

Il avait aussi décidé d'écarter de la sélection Eric Cantona. Le choix du boss contre la volonté du joueur. Un jour, à table, en Bourgogne, Mémé m'explique, sans micro, les raisons de son choix :

— Personne ne conteste le talent d'Eric, mais il ne veut plus jouer devant. Il affirme pouvoir tenir le rôle de meneur de jeu. Au milieu ou sans moi, qu'il me dit. Or, pour l'Euro 96, j'ai Zidane et Djorkaeff dans ce rôle. Tant pis pour lui.

La presse de ce temps-là ne tombera pas à bras raccourcis sur Jacquet.

Domenech, qui est loin d'être idiot, ne peut ignorer le contexte du foot aujourd'hui. C'est une affaire d'Etat, et les médias qui en parlent ne s'attachent plus seulement au contenu des matchs mais aussi aux circonstances.

Avec les infos immédiates et en boucle, avec Internet qui touche un public peu familier de l'information dite « sérieuse », l'info n'est plus travaillée, filtrée, tempérée par les journalistes. Elle est au contraire grossie, résumée, déformée pour être rendue plus spectaculaire et se faire une place dans le flux continu.

La première grosse erreur de Domenech est, à mon sens, d'avoir cru qu'il pouvait se jouer de ce système. Pourtant, il a compris tout cela, c'est clair. C'est un vieux routier des médias ; il vit avec une journaliste que je connais bien pour l'avoir fait participer à « On refait le match ». Il s'est cru plus malin, plus fort que ce système, qu'on peut déplorer mais qui existe néanmoins, et il a voulu l'utiliser à son profit.

Il ne s'est jamais expliqué sur la raison qui l'a poussé à demander Estelle en mariage à l'issue du match qui scellait l'élimination piteuse des Bleus au premier tour de l'Euro 2008. Mais c'était à tout le moins déplacé. La France entière était défaite et honteuse, et le voilà qui affichait son bonheur conjugal devant des millions de téléspectateurs. Et qu'il ne joue pas au naïf : il sait très bien comment fonctionnent les médias et l'importance qu'a le football aux yeux du grand public. Une défaite de l'équipe de France rend les gens sincèrement malheureux. On ne plaisante pas avec ça.

Et si Raymond Domenech pense que le foot n'est qu'un jeu et doit être en permanence replacé dans son contexte, alors qu'il abandonne tout salaire et entraîne l'équipe de France bénévolement. Sinon, c'est qu'il s'agit bien de sport professionnel et donc d'enjeux qui dépassent largement sa petite personne.

Il s'est passé la même chose avec la polémique sur les primes. C'est *France Football* qui a sorti l'info, relayée par *Le Monde* : le sélectionneur allait toucher plus de huit cent mille euros de primes pour la qualification de l'équipe de France au Mondial. Compte tenu du contexte, après la main d'Henry et la haine qui se déchaînait sur Domenech, ça a relancé le scandale.

Domenech a d'abord démenti en bloc, avant de dire que c'était la moitié. Enfin, pour finir, la Fédé s'est fendue d'un communiqué embarrassé pour décortiquer le montage financier des primes de l'équipe de France.

En fait, Domenech a touché quatre cent vingt-huit mille euros de primes de qualification pour deux ans de campagne, plus quatre-vingt-dix-huit mille de primes de victoire. Il a en outre touché trois cent mille euros de droit à l'image, en raison des contrats que la FFF a passés avec les sponsors de l'équipe de France. Si on ajoute son salaire mensuel d'environ cinquante mille euros, on obtient un revenu mensuel sur les deux dernières années de près de cent mille euros. C'est très confortable, évidemment, mais plutôt dans la moyenne basse de ce que gagnent les sélectionneurs européens. C'est même plutôt en dessous des revenus des meilleurs entraîneurs de Ligue 1.

Il n'y a donc pas de scandale, si ce n'est dans la manière. Pourquoi avoir menti ? Pourquoi avoir balayé d'un revers de main les chiffres avancés par la presse ? Il lui aurait suffi de jouer la transparence, de faire un *mea culpa* sur la qualité de jeu des Bleus et d'avancer quelques tentatives d'explications. Mais non, il a encore fallu qu'il prenne tout le monde de haut.

Domenech se met en scène d'une façon théâtrale, égocentrique. Il allègue qu'il prend tout sur lui pour protéger ses joueurs, mais il va trop loin. Cet amateur de théâtre joue un rôle qui n'est pas adapté à la situation. Et en plus, son interprétation n'est pas très bonne. C'est plutôt un brave type, avec des idées citoyennes. Il a choisi une carrière fédérale, dans l'ombre pendant des années, ce qui est tout à son honneur. En passant dans la lumière, il s'est créé un personnage agaçant. C'est un provocateur qui répond aux questions par des questions, qui toise ses interlocuteurs dès qu'il est en public alors qu'il est charmant en privé. Bref, il joue faux et le public le sent.

Son discours aux relents xénophobes m'irrite aussi beaucoup. Domenech laisse souvent entendre que les Italiens ou les Espagnols sont tricheurs et combinards. Il a même été suspendu pour ça. Dans une interview au *Parisien*, début août 2007, il assurait avoir « connu un match France-Italie Espoirs avec un arbitre acheté ». Le 27 août, la FIFA l'a suspendu de banc pour avoir « discrédité le football » et lui a infligé une amende de dix mille francs suisses. J'espère que la main d'Henry lui rabattra son caquet. Les Italiens ou les Espagnols ne sont pas plus tricheurs que les autres, et s'en prendre de cette façon à l'adversaire est un aveu de faiblesse. Encore une façon d'allumer un contre-feu.

Le pire, c'est que les résultats ont d'abord validé la méthode du Domenech sélectionneur. Alors que l'équipe de France piochait pendant les qualifications pour la Coupe du monde 2006, Domenech donnait rendez-vous à tout le monde pour le 9 juillet 2006, le jour de la finale.

Unanimement, tous les commentateurs se sont déchaînés et ont même annoncé que les Bleus ne passeraient pas le premier tour. Il faut tout de même se souvenir qu'on ne s'est qualifiés que lors du troisième match contre le Togo (2-0), sans avoir réussi à battre la Suisse (0-0) ni la Corée du Sud (1-1). Et puis sont venus les matchs à élimination directe, la victoire face à l'Espagne (3-1), au Brésil (1-0) et au Portugal (1-0). La finale, le 9 juillet… et tout le public s'est mis à l'idolâtrer.

Il faisait dans les sondages 90 % de mécontents début juin et 90 % de fans subjugués fin juin.

N'oublions jamais la foule parisienne, compacte, nombreuse et chaleureuse qui vénère Pétain en 1944 et change d'avis quatre mois plus tard pour acclamer de Gaulle.

La foule, en tant que telle, est d'une rare imbécillité. Les gens sensés le savent bien.

Je me suis fait insulter pour avoir critiqué Domenech. Quand je mesure ce genre de réaction, je me dis qu'il n'y a rien de plus versatile que le public.

Domenech sait ce qu'il doit aux retours de Zidane, Barthez et Makelele en équipe de France lors de la campagne 2006. Mais s'il reste dans l'histoire des Bleus comme le sélectionneur à avoir dirigé le plus de matchs de l'équipe de France, il le devra bien plus au système mis en place par la Fédération qu'à ses résultats.

Il faut comprendre que, sous ses dehors rebelles, Domenech est un véritable apparatchik du système fédéral. C'est un « fédéraste ». Il a passé ses diplômes d'entraîneur à vingt-huit ans. Major de sa promotion. Et puis, après avoir entraîné Mulhouse et Lyon qu'il a menés de la L2 à la Coupe d'Europe, il est entré à la Fédé en 1993 pour entraîner les Espoirs.

En 1998, Roger Lemerre succède à Aimé Jacquet. C'est l'adjoint, il est proche des joueurs. Il a la chance de triompher à l'Euro 2000, c'est l'euphorie. On sait, nous, qu'il s'est totalement coupé des médias, qu'une partie du groupe l'ignore. Le fiasco de la Coupe du monde 2002 scellera son départ.

A cet instant, Raymond Domenech est déjà candidat. La Fédé, qui est alors dirigée par Claude Simonet, se dépêtre avec des comptes dans le rouge que le football amateur a refusé d'approuver après l'affaire de la Romanée-Conti[1]. Lemerre était allé jusqu'au bout de l'échec en 2002 avec un groupe en fin de course, champion du monde et d'Europe, qui n'arrive même pas à inscrire un seul but lors du premier tour d'une Coupe du monde pour laquelle il était favori. Lemerre, homme affable lorsqu'il était entraîneur de Lens ou entraîneur adjoint de l'équipe de France, s'est muré dans un silence énigmatique. Dans les médias, personne ne pleure son départ.

Déjà, Raymond Domenech est pressenti comme sélectionneur des grands Bleus. C'est finalement Santini qui est retenu. Domenech ne dit rien, poursuit

1. Le 3 juin 2002, lors d'un dîner au Sheraton de Séoul, en Corée du Sud, les responsables de la Fédération avaient dépensé quatre mille huit cents euros pour une bouteille de Romanée-Conti 1998.

son travail sans broncher ; il forme des entraîneurs, entraîne les Espoirs, anime la DTN en silence.

Deux ans plus tard, Santini annonce son départ avant qu'on ne l'évince après un Euro en demi-teinte (élimination en quart de finale par la Grèce, futur vainqueur) pour devenir le fugace entraîneur de Tottenham en Angleterre. Il dira qu'il ne s'est pas senti soutenu par sa Fédération, et certains y verront l'une des raisons pour lesquelles il n'a pu exercer assez d'influence sur les joueurs, notamment pour gérer la fin de carrière internationale de Desailly. Le grand Marcel, capitaine usé de l'équipe de France, traversera de match en match cet Euro, sur le banc la plupart du temps. Le cas de Thuram en 2008 lui ressemblera beaucoup. La gestion du départ de Jacques Santini a marqué certains esprits à la Fédé. Escalettes a sans doute tenté d'éviter que pareille mésaventure ne se reproduise et a voulu soutenir jusqu'au bout son sélectionneur. Je ne suis pas certain qu'en l'occurrence il ait choisi la bonne solution.

Parmi les autres candidats, il y avait Jean Tigana, poussé par Platini, et Laurent Blanc. Grâce à une intervention musclée devant le conseil fédéral, Aimé Jacquet a imposé son protégé, Raymond Domenech. C'est logique. Le parcours de Tigana n'est pas forcément cohérent, en tout cas pas conforme à ce qu'attend la Fédération qui veut des hommes fidèles et soumis au système. Quant à Laurent Blanc, il n'a jamais entraîné. Ses futurs succès avec les Girondins de Bordeaux sont encore devant lui.

D'abord favorablement accueilli par les médias, Raymond Domenech les déroute bientôt par ses déclarations provocatrices. Il retourne les questions. Reprend les journalistes, leur répond par monosyllabes, les agace et s'en délecte ostensiblement.

Il vire le staff médical, écarte Henri Emile, l'intendant de l'équipe de France, l'homme le plus aimé des joueurs. Il se passe des services de Philippe Tournon, le responsable de la communication, pour s'entourer des gens avec lesquels il travaillait chez les Espoirs. Il met fin à la mission de Philippe Boixel, l'ostéopathe de Zidane, qui avait porte ouverte à Clairefontaine.

Avec lui, une seule réflexion d'un joueur peut le condamner. Le priver temporairement ou définitivement de l'équipe de France. Temporairement, ce fut le cas assez récemment de Malouda, très brillant à Chelsea mais qui avait osé mettre en cause – oh, très poliment – les méthodes du sélectionneur. Définitivement, ce fut la condamnation de Robert Pires.

A ce propos, je dois souligner les bizarres contradictions du sélectionneur. Il élimine sans expliquer pourquoi la plupart du temps. Un jour pourtant, je vais à Lyon assister le soir même à un match de Ligue des champions. Dans les voitures du TGV, je croise Raymond. En buvant un café, il va m'expliquer tranquillement pourquoi il n'appelle plus Pires :

— Dis-toi bien que je suis tous les joueurs. Je me renseigne auprès de leur entraîneur, j'envoie des collaborateurs assister aux matchs. Eh bien, je ne retiens plus Pires tout simplement parce qu'il n'est plus tout à fait titulaire à Arsenal. Il commence un match sans le terminer. Ou le contraire, il devient joker dans le dernier quart d'heure.

— Et pourquoi tu ne le dis pas dans tes conférences de presse ? Pourquoi tu restes sur un « *no comment* » ?

— Parce c'est à vous, les journalistes, de vous en apercevoir...

Convaincu qu'il ne sert à rien de s'expliquer, qu'à ne pouvoir tout dire, on se fait mal comprendre, il n'essaie même plus. Raymond laisse parler les résultats qui ne lui sont plus favorables depuis l'Euro 2008. Le paradoxe, c'est qu'il était plus affable et meilleur client avec la presse que ses prédécesseurs. Il y a eu ensuite ce phénomène de rejet qu'il a lui-même provoqué.

Alors pourquoi la Fédération n'a-t-elle pas réagi à la campagne déplorable de l'Euro 2008 ? Pourquoi n'a-t-elle pas entendu l'opinion publique et l'a-t-elle reconduit dans ses fonctions ce sélectionneur ?

Tout simplement parce que c'était la facilité, la logique du système. Laurent Blanc était engagé avec Bordeaux. Didier Deschamps, le favori, manquait de soutien au sein de la FFF (Michel Platini, notamment, ne l'a guère aidé). Virer Domenech, dans l'esprit des pontes de la FFF, c'était partir à l'aventure, dépenser de l'argent pour recruter un entraîneur qui n'avait dirigé alors que deux clubs (Monaco et la Juventus de Turin). C'était prendre un risque, tout simplement. Alors, ils ont composé, comme d'habitude. On a dit à Domenech de s'amender, de changer sa communication. Vœu pieux. On lui a adjoint le champion du monde Alain Boghossian pour arrondir les angles, resserrer les liens avec les joueurs et l'opinion publique. Ce fut parfaitement inutile.

Avec Domenech, on savait ce qu'on avait : une finale de Coupe du monde ; un Euro raté. Cinquante-cinquante. Dans ces cas-là, chez les hiérarques, personne ne bouge. Même le vieil ennemi de Domenech, le DTN Gérard Houllier, s'est déballonné lorsqu'il a fallu trancher.

Résultat, on a poursuivi comme avant, et le fossé entre le public et l'équipe de France s'est encore élargi.

A l'arrivée, il n'y eut guère que Guy Chambily, membre du conseil fédéral, pour demander l'examen du cas Domenech lors de la réunion du conseil le 18 décembre 2009. Alors ce bon Guy, du haut de ses soixante-dix-sept ans, parlait en tant que doyen du conseil fédéral, mais il fait partie des deux membres indépendants censés représenter le monde professionnel (Chambily est l'ancien président du SM de Caen) et sa démarche n'avait aucune chance d'aboutir.

D'abord parce que ceux qui ont laissé les rênes de l'équipe de France à Domenech n'allaient pas se déjuger un an après l'avoir confirmé à son poste à l'issue des deux matchs nuls obtenus contre la Serbie et la Roumanie. Même secoué par la fronde populaire, le système est bien en place. Ensuite, parce que, encore une fois, il n'existait aucun candidat sérieux pour succéder au pied levé à Domenech.

Qui pouvait-on prendre ? Deschamps et Blanc se consacraient à leurs clubs respectifs. Wenger, toujours à Arsenal, n'a pas daigné réagir lorsque son nom a été évoqué. Même Jean Tigana, dans une interview à *France Football*, a repoussé la perche qu'on lui tendait. Il préférait se consacrer à ses vignobles et à des actions humanitaires en direction du Mali, le pays d'origine de son père. Les Bleus n'allaient tout de même pas partir au feu sous la houlette d'Alain Boghossian, fort sympathique au demeurant, et sans doute compétent, mais totalement inexpérimenté à ce niveau de compétition.

Alors, il faut se faire une raison, c'est bien Domenech qui ménera les Bleus en Afrique du Sud. Je ne peux que lui souhaiter de réussir et de conclure son mandat à la tête de l'équipe de France par le plus beau des succès. Sceptique je reste, mais je ne demande qu'à être surpris.

Il faudra ensuite, quelle que soit l'issue, organiser la succession. J'ai dénombré au moins cinq candidats sérieux, dont trois ont de vraies chances.

J'écarte d'emblée Luis Fernandez, dont la candidature lancée sur RMC puis sur L'Equipe TV ressemble plus à celle de Coluche pour la présidentielle de 1981 qu'à une opportunité réelle pour les Bleus. Non pas que je ne reconnaisse aucune qualité à Luis Fernandez : c'est un remarquable meneur d'hommes qui s'est spécialisé dans le sauvetage des clubs en perdition, un pompier de service (Séville, Espanyol de Barcelone, Reims). Mais j'ai un peu l'impression que Luis fait sa carrière d'entraîneur à l'envers. Il s'en est bien sorti au début, à Cannes, puis au PSG entre 1995 et 1997. En Espagne, il a ensuite mené l'Athletic Bilbao en Ligue des champions, ce qui était remarquable compte tenu du fait que cette équipe était exclusivement constituée de joueurs basques. Mais sa maladresse légendaire lui a causé des soucis. Il n'a pas su gérer Lizarazu, qui avait pourtant rejoint cette équipe par amour du Pays basque. Les deux hommes ne se sont pas entendus et Luis a mis Liza en porte-à-faux par des déclarations maladroites. En interrogeant son amour de la région lorsque Liza a voulu partir, Fernandez a fait peser une menace sur l'arrière gauche de l'équipe de France qui a été ensuite obligé d'être protégé pendant plusieurs semaines par deux policiers, jusque dans son futur club du Bayern Munich.

Plus tard, en revenant au PSG en 2000, Luis s'est grillé en France. Il est de notoriété publique qu'il a utilisé sa forte popularité auprès de certains groupes de supporters de la tribune Boulogne pour promouvoir son retour anticipé et savonner la planche à Philippe Bergeroo. L'ancien adjoint n'avait pas démérité. Le PSG connaissait certes une baisse de forme, assez traditionnelle à l'automne, mais restait qualifié pour le deuxième tour de la Ligue des champions. Luis a utilisé à fond sa bonne image dans les médias pour se poser en recours.

Ensuite, il a voulu cumuler les postes de manager et d'entraîneur, ce qui était sans doute au-dessus de ses forces, d'autant que Pierre Alonzo, son mentor, aide précieuse pour tout ce qui concernait l'entraînement, n'était plus aussi présent à ses côtés qu'en 1995. Pour son retour en France comme entraîneur, Luis n'a ni fait gagner le PSG ni même amélioré son image de marque. Par la suite, son image d'animateur radio n'a pas arrangé les choses. Si son émission marche bien, c'est parce qu'il n'a pas sa langue dans sa poche et taille à tout-va. Mais, en retour, il n'apparaît ni fiable ni contrôlable aux yeux des dirigeants français. Je vois mal Jean-Pierre Escalettes confier l'équipe de France à un type qui paraît aussi instable, surtout après le précédent Domenech.

Il y a ensuite mon ami Guy Roux qui s'est porté candidat. Comme toujours avec Guy, on ne sait jamais si c'est du lard ou du cochon. Il a dit cela au micro de Canal +, évidemment, c'est son employeur, sur le ton de la plaisanterie. Pour l'instant, les instances françaises n'ont pas paru le prendre au sérieux. Je sais, moi, qu'il rêve de diriger l'équipe de France. Ce serait son bâton de maréchal. Guy aurait voulu remporter une Coupe d'Europe avec Auxerre. Cela aurait été son Graal, et il n'a pas été si loin d'y parvenir en 1993. Son équipe, où jouaient alors Corentin Martins, Prunier, Charbonnier, s'est hissée jusqu'en demi-finale de la Coupe de l'UEFA après avoir notamment éliminé l'Ajax d'Amsterdam en quart de finale. Face à Dortmund, en demi, elle ne s'était avouée vaincue qu'à l'issue de la séance des tirs au but (6-5 pour le Borussia). Cette année-là, dans l'autre demi-finale, la Juve avait éliminé le PSG. On n'avait jamais été aussi près d'une finale 100 % française.

Ce dont je me souviens toutefois, c'est que personne n'y avait vraiment prêté attention. Tout simplement parce que dans la grande coupe, la C1, Marseille avait atteint la finale et avait remporté son titre suprême en battant le Milan AC, en finale au Stade olympique de Munich.

C'était toutefois au-dessus des capacités auxerroises de l'époque. Mais l'équipe de France, pour Guy Roux, ça c'est quelque chose. Il est vieux jeu, Guy. Les couleurs françaises, ça compte ! Et puis, autant il a compris à Lens qu'il n'était plus fait pour entraîner un club, autant il pense pouvoir gérer la dizaine de rendez-vous annuels d'une équipe nationale. Si jamais le pays l'appelait, Guy répondrait présent. Et, je vous le garantis, il n'en ferait pas une histoire d'argent !

Le problème, c'est que Guy, dans toute sa carrière, n'a jamais entretenu de cordiales relations avec le système fédéral. Il fut le grand ennemi de Raymond Domenech au sein de l'UNECATEF, le syndicat des entraîneurs français. Trop indépendant, individualiste diront ses ennemis, Guy Roux n'incarne pas le parfait « fédéraste », l'homme consensuel qui plaira aux joueurs, aux dirigeants et aux supporters.

Jean Tigana souffre des mêmes lacunes. Il n'est pas un homme de système. Il se refuse à se plier au diktat de la communication. Il se vexe facilement. Mais, à mon sens, il serait une bonne solution pour l'équipe de France. Jean a le sens du jeu. Il a réussi partout où il est passé. Et tout n'a pas été aussi facile qu'à Lyon (deuxième du championnat en 1995) ou Monaco (champion de France en 1997). A Fulham, il a dû composer avec le propriétaire, le milliardaire Mohamed Al Fayed, qui ne cessait de lui imposer ou de lui retirer des joueurs. Il a tout de même remporté le championnat de D2. Il a connu le même problème lorsqu'il s'est exilé en Turquie, au Besiktas, où il ne restera que deux ans alors qu'il a permis à ce club de remporter deux coupes de Turquie.

Tigana est soupe au lait, c'est un fait. Mais c'est un homme opiniâtre, comme en témoigne le fait qu'il a fini par remporter son procès contre Al Fayed qui avait juré de le ruiner en avocats. Il garde une autorité naturelle sur les joueurs et, sur le plan tactique, c'est un malin. Il connaît remarquablement bien le foot, même s'il s'en défend parfois pour éviter de répondre à trop de questions. C'est pour moi un très bon candidat au poste de sélectionneur. A condition de ne prendre en compte que la compétence pure et pas la capacité à se faire tresser des louanges par un entourage servile.

Je serais également très heureux de voir Laurent Blanc nommé à la tête des Bleus. Il est un candidat naturel depuis sa réussite avec les Girondins de Bordeaux. Il a su rester digne et mesuré alors que toute la presse le propulsait déjà au poste en demandant qu'on respecte le travail de Domenech jusqu'à la fin de la Coupe du monde et en refusant de répondre désormais aux questions sur l'équipe de France.

Laurent Blanc est un homme mesuré, il a des relations cordiales avec ses dirigeants. C'est un Méridional, mais un Cévenol. Il ne s'emporte pas. Il ne se met pas en scène. Au contraire, il reste réservé. Il détient tous les diplômes nécessaires pour remplir cette mission et il considère tous les événements du football avec une certaine hauteur de vue qui sied bien au poste de sélectionneur. Il est d'ailleurs piquant de savoir que Blanc est originaire du village de Rousson, près d'Alès, un village perché. De là, on domine la région. Tout comme, de sa haute taille et depuis son poste de défenseur central, Blanc dominait tout le jeu.

J'ajoute que Laurent Blanc, s'il semble plus sérieux depuis qu'il est devenu entraîneur, n'est pas un type triste. Il sait faire partager sa bonne humeur et son enthousiasme aux jeunes joueurs.

Son seul handicap pour le poste de sélectionneur est son manque d'expérience du plus haut niveau au poste d'entraîneur. Mais ce n'est pas capital pour ce genre de fonction.

Je suis plus circonspect en revanche sur la volonté de Laurent de se lancer dès 2010 dans une carrière de sélectionneur, même s'il aura tout le loisir de revenir un jour en club. Il y a d'une part la question financière, que des hommes de quarante ans comme lui ou Deschamps ne négligent pas, et ils ont raison. Quoi qu'on en dise, il y a beaucoup moins d'argent à gagner et beaucoup plus de coups à prendre quand on est sélectionneur de l'équipe de France que lorsqu'on entraîne un grand club français. Mais, surtout, je ne sais pas si Laurent Blanc, qui est en train de construire quelque chose de remarquable à Bordeaux avec ses dirigeants, aura envie de laisser tomber ce chantier en cours dès l'été 2010.

Comme Laurent Blanc, Didier Deschamps est un excellent candidat pour les Bleus. Avec le « président », c'est lui qui dirigeait la manœuvre du temps de la grande équipe de 1996-2000. Outre son passé (connu) de joueur, il a remporté des titres en tant qu'entraîneur (Coupe de la ligue 2003 avec Monaco). Il a disputé de grandes compétitions comme la Ligue des champions dont il dispute la finale en 2004. Cette année-là, le Monaco de Rothen, Nonda, Giuly, Morientes réalise un parcours exceptionnel : victoire 8-3 face au grand Depor, le Deportivo La Corogne en poule, élimination du Real Madrid, favori de l'épreuve en quart de finale, puis de Chelsea en demi-finale. Seul le FC Porto, avec ses joueurs de classe mondiale (Ricardo Carvalho, Maniche, Deco...) entraînés par José Mourinho, bat cette équipe en finale (0-3).

Mais surtout, le Deschamps entraîneur a connu l'adversité. Sa première saison à Monaco fut des plus laborieuses. En 2005, après que son équipe eut été bradée, il doit quitter son poste car le club s'enfonce vers la relégation.

Rebelote en 2006, alors qu'il devient l'entraîneur de la Juve pour deux saisons. A la suite de la décision de justice de reléguer le club de la Fiat en série B avec une pénalité de départ de neuf points, il rame pour faire remonter le club qui lui a offert ses plus beaux succès de joueur parmi l'élite. Il obtient le titre de champion de série B, mais doit démissionner dès le mois de septembre suivant car ses relations avec le directeur sportif Alessio Secco se sont considérablement dégradées.

C'est grâce à son expérience formidable du haut niveau ajoutée à ce bagage de titres et de galères que Deschamps peut être un bon sélectionneur.

Je vois pourtant deux raisons qui pourraient contrarier ce projet si toutefois les dirigeants français lui proposaient le poste. D'abord, Deschamps est rancunier et il s'était déclaré officiellement candidat au poste de sélectionneur après l'Euro 2008. De l'avis général, c'était le moment de mettre fin aux fonctions de Domenech. Mais Deschamps était apparu comme le candidat de France 98, pour Escalettes et le conseil fédéral, c'était introduire le loup dans la bergerie. Il aurait également fallu remercier Domenech, ce qui aurait demandé un peu de courage. Deschamps n'a même pas été entendu officiellement. A-t-il gardé ce triste épisode en mémoire ?

L'autre raison qui peut pousser Didier Deschamps à décliner l'offre si tant est qu'elle lui soit faite, ce sont les conditions matérielles extrêmement confortables dont il dispose à Marseille. Malgré le parcours poussif de l'OM en championnat, il reste très populaire et Pape Diouf lui avait consenti des conditions salariales sans commune mesure avec le traitement d'un sélectionneur de l'équipe de France. Un entraîneur ne dure jamais longtemps à l'OM et Deschamps sait qu'il garde au-dessus de la tête l'épée de Damoclès du retour d'Eric Gerets. Mais au moment du choix du futur sélectionneur de l'équipe de France, il lui restera encore un an de contrat à l'OM. Pas sûr qu'il s'en prive !

2

Deux ou trois choses que je sais des Bleus

En toute lucidité, je ne peux, à l'heure où j'écris ces lignes, c'est-à-dire à quelques mois du début de la Coupe du monde en Afrique du Sud, qu'être pessimiste pour l'équipe de France, même si, depuis les précédents de 1998 et de 2006, il convient d'être prudent en matière de pronostic. Nombreux sont ceux qui, à l'époque, prédisaient le pire pour l'équipe de France avant d'être démentis par les faits : victoire en 1998 ; finale perdue sur un coup de tête (sans jeu de mots !) en 2006. J'étais de ceux qui, en 2006, constataient les difficultés de l'équipe de France. J'ai pesté contre ce premier tour où les Bleus furent fantomatiques. Et où, comme une catastrophe annoncée, la France semblait devoir réitérer son Mondial 2002, avec une élimination au premier tour. Une victoire à l'arraché face au Togo a-t-elle inversé le cours des choses ? Les anciens (Zidane, Makelele, Barthez, Thuram, Vieira...) sont-ils montés en puissance soudainement ? Un groupe s'est-il forgé dans l'adversité ? Je ne sais pas si quelqu'un détient la réponse. Ni même s'il y en a une, tant la part de l'irrationnel est grande dans le sport de compétition et dans le football en particulier.

Toujours est-il que, dès le début des matchs à élimination directe, l'équipe de France n'a cessé de hausser son niveau de jeu, pour le plus grand bonheur de tous les observateurs français. Les plus tordus sont allés jusqu'à affirmer que les anciens avaient écarté Domenech et avaient décidé de s'autogérer. Je n'irai pas jusque-là. Sans doute leur expérience a-t-elle donné un poids important à leur parole. J'ai tout de même constaté, lors des matchs contre l'Espagne, le Brésil ou le Portugal, qu'un certain nombre de phases de jeu avaient été largement travaillées à l'entraînement. Notamment en défense, avec Thuram dans l'axe, au côté de Gallas, pour la première fois de sa carrière en phase finale d'une grande compétition. Personne n'est capable de dire avec certitude la part prise par les anciens dans le réveil de l'équipe de France.

Il se murmure parmi les suiveurs des Bleus que, pour Thuram ou Zidane, le deal avec Domenech était le suivant : « OK, on revient, mais tu nous laisses faire comme on veut et on te jure qu'on ira au bout. »

Franchement, je n'ai pas les moyens de le prouver.

Maintenant, si telle est la réalité, je ne comprends pas pourquoi on en ferait le reproche à Domenech. N'est-ce pas la qualité qui fut reconnue à Michel Hidalgo : d'avoir laissé les clés de l'équipe de France, en 1982 en Espagne, à son meilleur joueur, Michel Platini ?

Au moment de sa prise de fonctions en 2004, Domenech souhaitait probablement le départ de ces figures tutélaires pour pouvoir promouvoir une nouvelle génération qui puisse ainsi s'absoudre du poids des champions du monde dans l'équipe. Domenech affirme lui le contraire, précisant que les anciens avaient choisi unilatéralement de mettre fin à leur carrière internationale. Il jure avoir passé de longues heures à tenter de persuader Zidane et Thuram de revenir sur leur décision. Thuram a confirmé. Pour autant, il n'a jamais convoqué Zidane, comme il a continué à appeler Makelele, feignant d'ignorer sa décision et lui mettant ainsi la pression. Un joueur qui refuse une convocation pour un match international risque en effet une suspension par la FIFA.

Je me souviens pour ma part du mot de mon ami Guy Roux qui avait déclaré en substance au début des éliminatoires pour la Coupe du monde 2006 : « Zidane, Thuram, Makelele arrêtent leur carrière internationale ? Mais, que je sache, ce n'est pas à eux de décider s'ils ont le niveau pour jouer ou non en équipe de France, mais au sélectionneur. On aura l'air malin si ces internationaux flambent avec leurs clubs et qu'on se plante dans les éliminatoires. »

Ce bon vieux Guy avait une fois de plus raison. Deux nuls face à Israël (0-0 ; 1-1), un face à l'Eire (0-0) et face à la Suisse (0-0) au Stade de France et, déjà, la qualification pour la Coupe du monde 2006 semblait compromise. En août 2005, Zidane et Thuram revinrent donc chez les Bleus, tels des messies, pour une victoire (3-0) pleine d'espoir et de prestige. La suite est connue : un but d'Henry à Dublin qualifie quasiment la France pour la Coupe du monde.

Et après ?

Comment expliquer le cuisant échec de l'Euro deux ans plus tard ?

D'abord, il y a eu sans conteste une baisse de niveau sensible et surtout d'expérience des phases finales par rapport à 2006. On ne se sépare pas impunément de Zidane ou de Barthez et surtout du lien qui les unit. S'ajoutent à cela plusieurs joueurs hors de forme ou tout simplement en fin de parcours. Thuram était dans ce cas, il l'a reconnu lui-même, demandant à ne pas jouer le troisième match contre l'Italie (0-2). Willy Sagnol, pour sa part, va raccrocher les crampons peu après. Quant à Claude Makelele et Patrick Vieira, qui n'a pas pu jouer un seul des trois matchs du premier tour de la phase finale, ils étaient plus proches de la fin de leur carrière internationale que du début.

Lors du dernier match, où tout était encore possible à condition de battre l'Italie, la blessure de Ribéry dès la dixième minute a sonné le glas des derniers espoirs français.

Il y a ensuite la gestion de son groupe et de sa communication par Raymond Domenech. Lui qui avait donné rendez-vous à ses détracteurs le 9 juillet 2006 et qui était passé si près d'un immense trophée a fait la nique à ceux qui contestaient son mode de fonctionnement. Le résultat inespéré de la Coupe du monde 2006 a en quelque sorte validé l'ensemble de sa méthode de management en 2008 alors que l'essentiel de son crédit était d'avoir laissé la bride sur le cou à ses meilleurs éléments.

Dès lors, Domenech s'est enfermé dans une paranoïa suicidaire. Il a confiné son équipe dans un grand hôtel et réduit au maximum l'influence du monde extérieur sur ses joueurs. Le problème, c'est qu'en faisant cela il devenait le seul à pouvoir mobiliser la troupe. Même si Zidane n'est pas le joueur le plus charismatique de la planète, sa seule présence dans une équipe suffit à transmettre une confiance et une envie d'entreprendre énorme à ses coéquipiers. Là, il est parti. Plus de Zizou.

A l'Euro, les anciens étaient Henry, Thuram et Gallas. Une belle brochette, certes, mais avec moins d'influence sur l'ensemble du jeu de l'équipe, moins de passé commun et, peut-être, moins de capacité à s'émanciper du point de vue d'un sélectionneur.

Enfin, et c'est selon moi la principale raison des performances en dents de scie de l'équipe de France, il y a une chute sensible du niveau moyen des joueurs français et de leur expérience en phase finale des grandes compétitions.

Cela peut paraître paradoxal puisque c'est la première fois dans l'histoire que les Bleus se qualifient cinq fois de suite pour une phase finale en sortant des éliminatoires. Jusqu'à présent, il avait fallu passer par l'organisation de phases finales (1984 et 1998) pour s'assurer de la présence régulière de l'équipe de France aux mois de juin et juillet les années paires (absence de l'Euro 1980, 1988 et de la Coupe du monde 1994...).

Mais les faits sont là. Les Bleus d'aujourd'hui ne sont plus dans le wagon de tête du football européen. Certes, bon nombre d'entre eux évoluent dans de grands clubs, mais ils ne bénéficient pas du statut de leurs illustres anciens.

Il y a un indicateur assez objectif du niveau des joueurs français, c'est le classement annuel du Ballon d'or. Le jury réuni par le magazine *France Football* depuis 1956 élit chaque année le meilleur footballeur jouant en Europe. Pour cela, chacun des jurés de quatre-vingt-seize pays dans le monde vote pour cinq joueurs auxquels il attribue 5, 4, 3, 2 et 1 point. En 2006, Cannavaro avait été sacré, mais Thierry Henry se classait troisième, Zidane cinquième, Ribéry treizième et Vieira quatorzième. En 2007, derrière le Brésilien Kaká, Ribéry, premier joueur français, n'apparaissait qu'en dix-septième position, seulement suivi par Henry (dix-neuvième) et par Abidal (trente-sixième). En 2008, Ribéry était le seul joueur français à figurer dans le classement final, et encore il pointait en seizième place avec sept points contre quatre cent quarante-six au vainqueur, Cristiano Ronaldo. C'était la plus mauvaise performance d'ensemble des Français depuis 1992. Jean-Pierre Papin, alors au Milan AC, s'était accroché à la seizième place.

Avec de telles performances, aucun Français ne figure bien évidemment dans les diverses équipes types de l'année 2009. Et quand on passe en revue, un par un, les cadres de l'équipe de France, il y a objectivement de quoi s'inquiéter.

Karim Benzema, l'ancien grand espoir de l'OL et de l'équipe de France, transféré l'été 2009 au Real Madrid, est désormais remplaçant. Il admet ce statut en Espagne. Pas facilement en équipe de France. Manifestement, le courant ne passe pas entre lui et Domenech. Mais peut-on se passer d'un joueur qui semble promis à un grand avenir ? Entre le talent et les caprices de star, Jacquet avait tranché en faveur du collectif en 1995 lorsqu'il s'était passé de Cantona et Ginola juste avant l'Euro 1996 en Angleterre. Pour autant, Benzema n'aura que vingt-deux ans en Afrique du Sud et c'est sans doute l'occasion pour lui de découvrir une phase finale.

Thierry Henry sort d'une grande saison avec le Barça au cours de laquelle il a remporté six titres. C'est énorme. Il a réussi à s'imposer en Espagne alors qu'on le disait en fin de carrière après son départ d'Arsenal. Pour cela, il a accepté un rôle plus ingrat, sur l'aile gauche, pas si différent en somme du poste que lui faisait occuper Carlo Ancelotti du temps de son passage à la Juve entre 1999 et 2000.

Je me souviens que, lors de la Coupe du monde 1998, le père de Titi m'avait abordé sur le parking du stade Bollaert de Lens :

— Monsieur Saccomano, il faudrait demander à monsieur Jacquet de faire jouer Thierry avant-centre...

— Mais je n'ai pas ce pouvoir. Et est-ce véritablement la bonne solution ?

— C'est ce que Thierry souhaite !

Henry l'a fait brillamment à Arsenal avec une équipe qui jouait pour lui.

Mais, douze ans plus tard, il s'est fondu dans le collectif barcelonais qui ne peut dépendre d'un seul homme. Tout comme l'équipe de France, qui n'a plus à sa disposition un Zidane providentiel.

Toutefois, Henry n'est pas le joueur le plus déterminant du Barça qui s'appuie plus sûrement sur Messi pour conclure et sur Iniesta pour créer du jeu. Henry ne joue pas tous les matchs au Barça : il est souvent remplacé en cours de partie ou tout simplement remplaçant. Il fait certes partie du gotha européen et c'est le capitaine incontesté de l'équipe de France, mais aura-t-il encore la capacité à faire basculer une rencontre en juin 2010 ? Je me pose la question.

J'ai beaucoup d'affection pour Ribéry. J'ai même de l'estime pour lui, car j'avoue qu'il m'a donné une belle leçon de tolérance. Au moment de son arrivée à Marseille, un journal m'avait demandé un article sur les fortes têtes du football. J'avais bêtement cédé à la facilité et j'avais insisté sur son côté Nosferatu. En gros, je l'avais accusé sans le connaître de délit de sale gueule. Stupide !

Peu de temps après, à Marseille, après un match, un ami me fait savoir que Ribéry veut me rencontrer. Je m'attends naturellement à ce qu'il soit furieux contre moi et je me prépare à une discussion tendue. Pour désamorcer une éventuelle attaque, je commence par m'excuser auprès de lui des conneries que j'ai écrites. Et là, sa réaction m'épate :

— Franck, je suis un idiot d'avoir écrit ça. J'ai même commis une erreur journalistique en m'attardant sur les apparences.

— Il n'y a pas de problème, monsieur Saccomano. C'est vrai, on ne doit pas me juger sur ça. Ce qui compte, c'est mon comportement sur le terrain. Mais je ne vous en veux pas.

Et paf ! Je venais de prendre une leçon de journalisme par un footballeur de vingt-cinq ans. On apprend à tout âge.

En tout cas, depuis, je sais que Ribéry n'est pas l'idiot qu'on a bien voulu caricaturer. Et, chaque fois qu'on se rencontre, on se salue chaleureusement.

Pour autant, Franck a été blessé les trois quarts de la saison. Ses absences répétées ainsi que sa volonté affichée de quitter Munich ont commencé à agacer les dirigeants du Bayern. Pour sa part, devant son manque de compétition, le Real ne crie plus sur tous les toits qu'il souhaite le recruter. Je ne suis pas sûr que ce soient les meilleures conditions pour préparer une Coupe du monde. Certains diront qu'après cette saison tronquée Ribéry sera frais en juin. Ce genre d'argument me semble bien spécieux. Une façon de ne pas voir la réalité en face. Il n'est à tout le moins pas de nature à me rassurer.

J'ai sur le meneur de jeu des Girondins de Bordeaux, Christian Gourcuff, sensiblement la même opinion que Michel Platini : « Il n'a pas encore donné tout ce qu'on peut attendre de lui. » Il est élégant, technique, discret, souvent bien placé, il ressemble assez à Zidane par son style et ses attitudes sur le terrain.

Mais il marque peu, il est encore trop irrégulier et passe trop souvent au travers de matchs importants.

J'ai la chance d'être très proche d'Ariedo Braida, le directeur sportif de l'AC Milan. C'est lui et ses scouts qui ont repéré Gourcuff à Rennes dès les années 2004-2005. Il m'avait alors déclaré : « Ce Gourcuff, c'est vraiment un beau joueur. Il a un grand talent. Mais il doit mûrir. Je pense qu'il peut le faire au Milan. »

J'ai revu Braida, il y a six mois. Il aime bien Paris et la cuisine française. Il s'y arrête toujours, même lorsqu'il part pour Londres ou les Pays-Bas.

— Alors, Gourcuff, où en est-il ?

— Au même point que lorsqu'il a quitté Milan, sauf qu'il est en équipe de France et qu'il est le prince de l'équipe de Bordeaux.

— Je te demande surtout s'il a progressé. Pour nous, il était un peu inconstant. Et je crois qu'Ancelotti n'a pas voulu le récupérer parce qu'il ne savait pas où le faire jouer précisément. Et puis, quelquefois, le courant ne passe pas entre un « mister » et un joueur. Enfin, je suis content qu'il ait pu s'imposer à Bordeaux. Chez nous, il y avait le handicap de la concurrence.

Braida estime, sans vouloir le crier sur les toits, que Gourcuff est un très bon joueur mais, pour lui, ce n'est ni Kaká ni Cristiano Ronaldo.

Il l'avait recruté en 2006. Mais en deux saisons et quarante-sept matchs de série A et de Coupe d'Europe, il n'avait inscrit que deux buts. Alors quand il a fallu trancher entre lui, Ronaldinho et Pato, le choix a été vite fait.

De toute façon, la vie interne du groupe milanais avait déjà fait le tri. Milanello, le centre d'entraînement du club de Berlusconi, bruisse d'un tas de règles non écrites qui permettent d'établir la hiérarchie entre les joueurs. C'est au restaurant que c'est le plus flagrant. Ça marche par table. Il y a la table des anciens, la table des jeunes, la table des Italiens... Quand un joueur débarque, il doit veiller à ne pas s'asseoir n'importe où. Seules les vraies stars sont admises à n'importe quelle table. Même au restau du Milan, Gourcuff n'a jamais percé. Il a bossé, beaucoup, réussi quelques matchs, son talent a été reconnu, mais il ne s'est pas imposé et il reste une interrogation en Italie.

Pour moi, c'est un peu la même chose en équipe de France. Il montre de la qualité, réussit de beaux matchs, mais il reste très en retrait par rapport au rôle que son poste exige sur le terrain.

Gourcuff est certes indispensable à Bordeaux, mais il n'a encore à son actif aucune phase finale, ni même de grands matchs de Coupe d'Europe. J'avais écrit caricaturalement sur mon blog MSN en février dernier qu'à Athènes il n'avait pas touché un seul ballon sauf celui du centre qui avait permis à Ciani de marquer le but de la victoire. Gourcuff, invisible donc mais déterminant.

J'ai peur qu'il ne devienne un Michael Ballack, remarquable joueur mais pas une superstar du football mondial.

A mon sens, la Coupe du monde sera un révélateur pour Yohann Gourcuff. Qu'il y brille, et le football européen s'ouvrira à lui. Qu'il passe au travers et il risque de demeurer éternellement un bon joueur de L1.

Evoquons maintenant le cas de certains joueurs en partance ou presque pour l'Afsud. Toulalan paraît intouchable comme milieu de terrain défensif et il a prouvé qu'il pouvait dépanner une équipe au poste de défenseur central. Dans ce secteur du jeu, il y aura pas mal de concurrence. Toulalan est certes un bon joueur de L1, mais je ne suis pas certain qu'il soit absolument indispensable dans l'absolu, contrairement à ce qu'en pensent la plupart de mes confrères. Ah, c'est un gros travailleur, dit-on. Est-ce pour autant un excellent footballeur ? Récemment, comme nous venons de le dire, l'idée a été émise de le faire reculer du milieu de terrain jusqu'en défense centrale. Je trouve que cela n'est pas idiot : ça lui éviterait de perdre le ballon en dribblant à tout bout de champ dans l'entrejeu. Et, surtout, il ne ciblera plus les mouettes en tirant dans les tribunes dès qu'il se trouve à vingt mètres du but.

Souvent blessé, Patrick Vieira était loin d'être indiscutable à l'Inter avant son transfert hivernal en 2010 à Manchester City. On peut craindre une réédition du mauvais feuilleton de 2008 au cours duquel Vieira, sélectionné dans les 23, était attendu, mais, sur le terrain, il n'y est jamais venu.

Je crains que Vieira, dont la blessure a presque autant pesé que le coup de tête de Zidane en finale de la Coupe du monde 2006, ne soit plus en mesure de disputer une phase finale de Coupe du monde. Malheureusement, il est cuit. Comme Thuram en 2008. Il nous faut l'admettre et envisager de nous passer de lui.

Le longiligne Patrick, souvent aux soins, veut tenir le coup sur le terrain et commet parfois des fautes pénalisantes pour son équipe.

Lui qui a été si avare en communication tout au long de sa carrière met un point d'honneur désormais à donner de ses nouvelles et tente d'occuper l'espace médiatique pour attirer sans doute l'attention du sélectionneur.

« Patrick, viens, une petite minute... » Je me rappelle avoir couru derrière lui avec mon Nagra qui me tapait dans les reins pour qu'il me dise deux mots sur une victoire d'Arsenal à Highbury. Refus d'un grand geste du bras.

Quelques années auparavant, j'avais eu la chance d'annoncer à la radio son départ de Cannes pour le Milan. Son agent de l'époque, Marc Roger, m'avait chaleureusement complimenté sur le portable du joueur. Vieira devait avoir dix-huit ans…

Je m'aperçois donc que les grands joueurs ont besoin des journalistes en début et en fin de carrière, pour les faire connaître lorsqu'ils sortent d'un centre de formation et retarder leur retraite lorsqu'ils sont à bout de souffle…

Entre 1996 et 1998, l'équipe de France ne marquait pas beaucoup. Mais elle ne prenait pas non plus de buts. Sa défense était en place. C'était sa force. Ce n'est pas le cas en 2010.

Durant toutes les rencontres des éliminatoires et les matchs amicaux, en raison des blessures des uns et des autres, Domenech n'a presque jamais pu aligner une défense type. Il a testé de bons joueurs comme le Rennais Rod Fanni ou le Lillois Adil Rami. Mais, et c'est là le côté têtu de Domenech, on ne les a pas revus. Alors à quoi bon ? Si c'était pour garder la place bien chaude pour Bakari Sagna, autant ne rien tenter…

Sur le côté gauche de la défense, Patrice Evra me paraît incontestable. En concurrence avec Eric Abidal, il me semble supérieur au Barcelonais sur tous les mouvements offensifs.

Au centre, Gallas s'est imposé comme l'un des cadres de l'équipe, et même s'il me fait parfois un peu peur balle au pied, il est incontournable. Vient ensuite le débat entre Escudé et Squillaci. Je vote pour ma part en faveur de l'ex-Lyonnais. Sébastien Squillaci a beaucoup progressé en concentration et dans la relance. Il semble moins technique que Julien Escudé, mais il est bien meilleur de la tête et beaucoup plus rigoureux. Je ne l'ai pas vu faire un mauvais match ou passer à travers pendant certains moments de la rencontre depuis très longtemps.

Hugo Lloris est incontestablement la bonne nouvelle de l'année 2009 pour l'équipe de France. Dans les dernières heures de sa course à la qualification, elle semble avoir trouvé son gardien titulaire alors que, depuis l'arrêt de Grégory Coupet, Raymond Domenech avait mis en concurrence Steve Mandanda et Hugo Lloris. Les deux derniers matchs de Lloris dans les buts des Bleus face à l'Eire ont été tout simplement époustouflants. La plupart des observateurs avaient été échaudés par son expulsion injuste dès la neuvième minute du match face à la Serbie (1-1) début septembre. Pour son retour en bleu, il avait été impeccable un mois plus tard contre l'Autriche (3-1). Et s'est montré solide et rassurant lors de la double confrontation face à l'Eire pour les matchs de barrage alors que la défense française faisait eau de toute part.

En bon Marseillais, j'étais jusqu'à l'été 2009 plutôt partisan de Mandanda, mais au vu des prestations de Lloris, qui s'est de surcroît parfaitement bien intégré à Lyon et s'en sort bien en Coupe d'Europe, je crois qu'il est le gardien qu'il faut à l'équipe de France.

Cette arrivée dans le groupe France reste dans la tradition de nos sélections qui ont toujours bien tourné dès qu'elles s'appuyaient sur un gardien de classe. Ma seule réserve porte sur le manque de compétitions de haut niveau pour Lloris, dans une phase finale par exemple.

Depuis quelque temps, le génial Barthez vient apporter aux entraînements des gardiens de but à Clairefontaine son savoir, ses petits secrets, ses audaces. Bénévolement. Il faut du talent et un brin de folie pour jouer dans les buts. Fabien reste le seul gardien fantasque, sur le terrain et ailleurs, que nous ayons eu depuis longtemps. Dans le passé, Di Lorto, Vignal, Remetter, Garofalo, Aubour, et, à l'étranger, Grobelaar le Sud-Africain de Liverpool, Pfaff le Belge et notre pire ennemi Schumacher furent des azimutés, des barjos absolus. Donc des artistes. Qualificatif à bannir dans le football moderne.

Ce qui nous plonge tout droit dans le principal problème des Bleus, hormis leur sélectionneur qui n'arrive pas à les faire bien jouer tous ensemble : leur inexpérience individuelle et commune. Encore que pour moi, l'expérience, c'est un peigne pour les chauves. Maradona ou Platini n'ont jamais eu besoin d'expérience !

Il y a dix ans, tous les titulaires de l'équipe de France étaient des piliers dans les plus grands clubs européens et ils s'appuyaient sur plusieurs années de rendez-vous réguliers en bleu. Dans ces conditions, il devenait beaucoup plus facile d'intégrer de nouveaux talents.

Ces années-là, l'équipe de France pouvait s'adosser sur une base arrière solide, mise en place par Aimé Jacquet et perpétuée par ses successeurs. Elle avait tremblé à l'Euro 2004 avec la fin de carrière de Marcel Desailly qui se profilait, mais elle avait pu s'appuyer sur un Fabien Barthez, imperméable à la pression et capable de transmettre, par son détachement et sa sérénité avant une grande échéance, une confiance incroyable à tout un groupe.

Sans lui, sans Laurent Blanc, sans Marcel Desailly et Lilian Thuram, sans Bixente Lizarazu et sa rage de vaincre, la défense française n'est plus aussi rassurante. Elle encaisse désormais systématiquement un ou deux buts face aux équipes solides.

La défense avait été le premier chantier d'Aimé Jacquet. Il lui avait fallu quatre ans pour bâtir une assise si bien huilée qu'on pouvait en changer un élément (comme le remplacement de Laurent Blanc par Frank Lebœuf en finale de la Coupe du monde 1998) sans bousculer l'équilibre de l'ensemble. Il avait dû pour cela enchaîner des matchs tristounets se terminant immanquablement par 0-0, au cours desquels on ne discernait aucun projet de jeu pour les Bleus.

Il est évident que, aujourd'hui, Raymond Domenech tente de marcher dans les pas de Jacquet et qu'il cherche avant tout à asseoir sa défense. Sauf qu'il lui a fallu en permanence se sortir de matchs éliminatoires piégeux sans pouvoir sereinement préparer l'avenir. En outre, il a dû faire face à des blessures systématiques au sein de sa ligne type. Quant à son gardien titulaire, Hugo Lloris, il ne s'est imposé qu'*in extremis* lors des barrages face à l'Eire.

Lloris ne peut s'appuyer que sur une seule année au niveau européen avec Lyon. Seul Anelka semble avoir gagné sa place, au terme de deux années difficiles, à la tête de l'attaque de Chelsea.

Sans doute Domenech aurait-il eu la tâche plus facile si, comme Platini ou Jacquet, il avait pu travailler sur une période plus longue de reconstruction qui lui aurait permis de constituer un groupe structuré en vue de l'avenir. Ça n'était évidemment pas envisageable, et les supporters auraient crié au scandale si nous avions fait l'impasse sur une compétition internationale au prétexte de mieux préparer la suivante. Il faut néanmoins reconnaître que l'Angleterre, par exemple, a su tirer un beau profit de son absence à l'Euro 2008. Elle a changé de sélectionneur, s'est offert une pointure internationale en la personne de Fabio Capello et s'est promenée pendant les éliminatoires de la Coupe du monde 2010.

Alors *quid* de l'équipe de France pour la Coupe du monde ? J'espère me tromper, mais je ne crois pas que cette équipe soit assez compétitive pour aller au bout. Elle manque de repères, de confiance en elle et son sélectionneur, s'il fait l'unanimité contre lui dans l'opinion, ne paraît pas non plus soutenu par un groupe à sa dévotion. À mon sens, l'équipe de France est à l'image du tirage au sort de la phase finale : dans le deuxième chapeau.

Pour autant, elle doit en toute logique se qualifier pour les huitièmes de finale. Son groupe (Afrique du Sud, Uruguay, Mexique) est largement à sa portée. Ensuite, peut-être saura-t-elle comme en 2006 s'animer en chemin d'une force collective qui puisse la faire se transcender. Domenech répète souvent que c'est dans le combat et l'adversité que se puisent les ressources communes. Si c'est le cas, les Bleus pourront se référer à leur dernier match de compétition officielle, le barrage retour face à l'Eire, pour trouver un fonds inépuisable de capacité mentale.

Ce qu'il y a d'extraordinaire avec le foot, c'est qu'il peut nous surprendre en toutes circonstances. Oh, bien sûr, on savait depuis le début que la qualification de l'équipe de France pour la Coupe du monde 2010 ne se ferait pas dans la facilité. Mais de là à aboutir à un tel scénario... Qui aurait pu le prévoir ? Et, sur ce coup-là, je trouve que Raymond Domenech a eu, encore une fois, beaucoup de chance.

D'abord parce que les Bleus se sont qualifiés. Nous sommes tout de même passés à un cheveu de la correctionnelle et Domenech en aurait pris pour son grade si la France n'était pas sortie d'un groupe largement à sa portée. C'est donc sur la manière d'y parvenir plus que sur l'objectif à atteindre que furent portées les critiques. Mais bon nombre d'entre elles furent détournées sur l'acte d'antijeu commis par Thierry Henry. A la fin du match, scène sidérante :

— Non, me dit Bixente, c'est pas possible ! Ils ne vont pas faire un tour d'honneur...

— Mais si, ils viennent de l'amorcer. Non, regarde, c'est Thierry lui-même qui essaie de les retenir – sans trop de conviction d'ailleurs.

Nous sommes dans la tribune de presse, légèrement du côté où la faute a été commise. Très franchement, c'est allé très vite, nous n'avons rien vu à vitesse réelle, mais nous sommes loin de l'action. L'arbitre est à quatre ou cinq mètres, masqué peut-être. Mais l'un des juges de ligne a sûrement tout vu. Comme souvent, il ne dira rien pour ne pas déjuger son chef, l'arbitre central.

C'est la télévision qui va nous révéler, dans les secondes qui suivent, la main de Thierry Henry qui fera le tour de l'Europe. Et dire qu'après un pareil hold-up Blatter et Platini rejettent la vidéo...

— C'est la réaction après le but que je ne supporte pas, dit dans le micro de RTL Bixente qui se retourne vers moi pour chercher mon approbation.

Elle est entière. Il ajoute :

— Dans ces cas-là, à la fin du match, tu te précipites vers la porte des vestiaires, la tête basse. Regarde les dirigeants et le staff : ils s'embrassent. Quel manque de pudeur !

Comme souvent dans ces circonstances, une grande partie de la presse française a cherché hors des frontières les motifs de s'indigner plutôt que de le faire elle-même spontanément. Et quand l'affaire a commencé à faire scandale dans la presse britannique, que le gouvernement irlandais lui-même s'en est mêlé, alors le déchaînement a commencé. Henry s'est évidemment fait traiter de voleur, une ministre comme Christine Lagarde a cru bon de demander qu'on rejoue le match, enfin bref, ce fut le grand n'importe quoi pendant plusieurs jours.

Je trouve qu'il y a eu beaucoup d'hypocrisie dans cette histoire. Je n'incrimine pas les gens qui ne connaissent rien au ballon et qui se sont intéressés à l'affaire par opportunisme quand elle a commencé à faire du bruit. Ceux-là se servent du football plus qu'ils ne le servent. Il y en a toujours eu, il y en aura aussi longtemps que le football sera populaire.

Quand les handballeurs sont devenus champions d'Europe en février dernier, beaucoup d'ignares ou d'intellos à quatre sous, les trouvant sublimes, les ont comparés aux footballeurs professionnels en traitant ces derniers d'épouvantables mercenaires ne pensant qu'à l'argent et à leur valeur marchande. J'ai entendu un débat à ce propos. Ils ignoraient, ces idiots, que dans l'équipe type du hand tricolore, tous jouent à l'étranger comme nos footballeurs vedettes, en Allemagne et en Espagne, sauf Karabatic qui, fortune faite, est revenu à Montpellier.

Sur cette affaire Henry, j'en veux bien plus à toute une partie des observateurs du football qui, depuis longtemps, ont une dent contre Titi mais ne savent pas trop quoi lui reprocher. Ces gens-là, plutôt que de dresser le bilan médiocre de Domenech ou de militer pour l'arbitrage assisté par la vidéo, se sont déchaînés contre lui qui n'est tout de même pas un criminel. Il faut n'avoir jamais joué au football pour croire qu'on n'y commet jamais de fautes.

En fait, Henry agace bon nombre de gens et beaucoup de journalistes. A mon sens, il lui est reproché une attitude perçue comme hautaine et, surtout, une connaissance profonde du foot, de son histoire, des systèmes de jeu de toutes les équipes européennes, bien supérieure à celle de la majorité des journalistes spécialisés. Je me demande aussi si certains n'ont pas voulu également lui faire payer son soutien à Domenech. En s'en prenant à Henry, on attaquait le sélectionneur.

La main d'Henry a relancé, si c'était encore possible, la polémique sur la vidéo dans le football. En ce qui me concerne, je me sens partagé.

En tant qu'observateur, dans la tribune de presse ou téléspectateur, je suis révolté par la multiplication des erreurs grossières d'arbitrage, chaque semaine en L1, tous les quinze jours en Ligue des champions et plusieurs fois par saison pour les matchs internationaux. Lorsqu'on revoit les actions litigieuses au ralenti, les fautes sont flagrantes. Et qu'on ne me resserve pas l'exemple du match Brésil-Norvège à la Coupe du monde 1998 !

Le 23 juin 1998, l'arbitre siffle un penalty en faveur des Norvégiens pour une faute d'un Brésilien. Dès la fin du match, cette décision avait soulevé un tollé dans les médias et chez les supporters. Aucune de la quinzaine de caméras braquées sur le terrain n'avait discerné le moindre contact. Mais deux jours plus tard une caméra privée avait rétabli l'honneur de l'arbitre. L'accrochage du joueur brésilien sur le norvégien était bien réel et le penalty était donc tout à fait légitime. Depuis, la FIFA et tous les défenseurs d'un arbitrage humain s'appuient sur cet exemple et quelques autres pour renvoyer aux calendes grecques la question de l'arbitrage vidéo dans le football.

Lorsque je revois les images de la faute de Chamakh sur Mandanda (Bordeaux-OM, le 17 janvier 2010), je ne peux qu'être scandalisé. La faute est nette. Elle offre le premier but aux Girondins ; Bordeaux prend le large sur l'OM et tue le suspense du championnat. C'est irritant, tout simplement.

Je sais que, par essence, le foot est un sport injuste. C'est précisément pour cela qu'il est populaire. Parce que le Petit Poucet aura toujours sa chance, même minime. Au football, le hold-up est possible, y compris sur une erreur d'arbitrage. Il y a très peu de points au foot, un seul but suffit à départager deux équipes. Au basket, au rugby, au hand, où il y a beaucoup plus de points, c'est en général le plus fort sur le papier qui gagne. Pas au foot. C'est ce qui fait sa force et sa beauté. C'est en cela également qu'il est une école de la vie.

Il n'est pas facile de garder son calme quand son équipe est manifestement lésée. Grâce au foot, on apprend à surmonter l'injustice, à se relever après un coup du sort. Quand bien même il y aurait une élimination au terme du match, après tout, il ne s'agit que d'un jeu... J'ai noté ainsi que l'ancien entraîneur du PSG et de la sélection ivoirienne, Vahid Halilhodzic, a mis au point une stratégie à l'entraînement. Lors des petits matchs entre ses joueurs, il commet volontairement de scandaleuses erreurs d'arbitrage. Tout cela afin d'habituer ses joueurs à cet impondérable, afin qu'ils ne subissent pas, au cours d'un match, ce coup du sort comme une fatalité insurmontable. Comment ne pas se laisser abattre, voilà le propos.

Les Anglais, inventeurs du jeu et, dit-on, du fair-play, nous ont donné à ce sujet quelques beaux exemples. Celui de la demi-finale de Coupe des champions entre Manchester United et Milan AC en 1969 est parlant. A l'aller, Milan s'est imposé 2-0. Au retour, ManU domine et mène 1-0, mais un but est refusé à George Best et ses coéquipiers alors que, même sur les images de l'époque, il est clair que le ballon a franchi entièrement la ligne de but. Manchester, tenant du titre, est éliminé sur ce coup du sort. Eh bien, à la fin du match, les Reds se sont rassemblés pour dresser une haie d'honneur à leurs vainqueurs. Il n'y a pas eu de discussions à n'en plus finir sur ce qui se serait passé si...

Pour autant, le fair-play a ses limites. Les enjeux financiers sont devenus gigantesques dans le foot pro. Un but validé ou refusé peut coûter plusieurs millions à un club, selon qu'il le qualifie ou pas, par exemple, pour la Ligue des champions. Et une erreur d'arbitrage peut même coûter des vies humaines ! J'ai en mémoire la finale de la CAN 2000 entre le Nigeria et le Cameroun. Au stade Surulere de Lagos, la séance des tirs au but se conclut par la victoire des Lions indomptables. Or, l'attaquant nigérian de Monaco, Victor Ikpeba, vient de se faire refuser sa tentative alors que le ballon a nettement franchi la ligne. Le Nigeria est un pays qui connaît l'un des plus forts taux de criminalité au monde. La soirée s'est très mal terminée. Les Camerounais ont été blessés par des jets de pierre et ont dû se terrer des heures dans leurs vestiaires en attendant que le calme revienne. Durant la nuit, des scènes de pillage et même des meurtres ont été constatés autour du stade. Le football n'a pas vocation à résoudre tous les problèmes du monde. Mais si, au moins, il pouvait éviter d'en créer de nouveaux... Dans ce cas-là, la vidéo jugeant du franchissement ou non de la ligne de but aurait rétabli l'équité sportive et aurait peut-être pu éviter ces émeutes à Lagos.

De la même façon, l'absence de sanction pour le coup de poing de Schumacher sur Battiston, qui a sans doute privé l'équipe de France d'une finale de Coupe du monde en 1982, et qui s'est soldé par une sortie de but, n'est pas moins difficile à admettre, même près de trente ans plus tard.

Même si tous les amoureux du foot et de l'équipe de France ont revu les images ou se souviennent de cette terrible émotion, il faut brièvement rappeler les faits. Là aussi, l'arbitrage a faussé le résultat du match et a surtout conduit ce brave Battiston à l'hôpital.

Après une heure de jeu, alors que les deux équipes de France et d'Allemagne sont à égalité 1 à 1, le gardien Schumacher sort pieds et poings en avant et fracasse Battiston. K-O, mâchoire brisée, vertèbres cervicales cassées. On le ramasse à la petite cuillère et Platini lui tient la main et l'accompagne à l'infirmerie du stade. M. Corver, l'arbitre hollandais, sifflera une simple sortie de but.

Dans l'avion qui nous amène à Alicante, trois heures après la fin du match, Platini me confie :

— Tu te rends compte qu'on peut se faire tuer en jouant au football ?! C'est pas possible. En plus, ce M. Corver nous empêche d'aller en finale pour la première fois de notre vie. Avec Battiste et sans cette saloperie de Schumacher, nous n'avions pas besoin de risquer les tirs au but.

— Tu as des nouvelles ?

— Je crois qu'il sera bien soigné. On a rassuré la famille, mais on craint les séquelles. Faut voir. C'est fou.

— Et maintenant, qu'allez-vous faire ?

— On va jouer ce match bidon de la troisième place alors qu'on devrait être en finale à Madrid.

Battiston retrouvera la santé et sa place en équipe de France cinq mois plus tard.

Je crois que l'apport de la vidéo pour juger des actes graves d'antijeu *a posteriori* serait un bon recours. A la condition que l'on prenne une décision immédiatement. N'est-ce pas ce qui s'est passé lors de la finale de la Coupe du monde en 2006 ? L'arbitre central n'avait pas vu le coup de tête de Zidane. Le grand gardien italien Gianluigi Buffon l'a confirmé, c'est le quatrième arbitre qui a vu les images sur un écran de contrôle et a averti l'arbitre de champ. Il est juste que le Français ait été expulsé. Mais, selon les règles du jeu en vigueur, ça n'aurait pas dû avoir lieu et le scénario de la finale ne se serait pas déroulé de la même façon.

Je comprends que, de son poste de patron du foot européen, Michel Platini refuse que le même jeu ne soit pas arbitré de la même façon partout dans le monde. Je sais que seulement cinq ou six championnats professionnels peuvent aujourd'hui équiper une trentaine de stades de caméras ultramodernes, du système informatique et des moyens humains pour traiter en temps réel toutes les images.

De toutes les manières, le football à deux vitesses existe déjà.

Doit-on se payer chaque année autant de scandales liés à l'arbitrage ? Je n'imagine pas que la vidéo résoudra tous les problèmes. Le foot est en outre un sport de la continuité qu'il ne faut pas interrompre à tout bout de champ. Mais le tennis aussi et les challenges demandés ne sont pas perturbants. Ils font même partie du spectacle.

Et puis, une partie des décisions sont à la discrétion de l'arbitre. Il y a l'esprit et la lettre. Ainsi l'arbitre peut-il décider, sans commettre d'erreur, de siffler une faute ou de laisser l'avantage. *Quid* de la vidéo dans ces cas-là ? Il est fréquent aussi que, à l'origine d'une action qui a permis un but, le ballon ait été récupéré de façon irrégulière après une faute bénigne. Mais si on veut tendre à la perfection, il faudra remonter jusqu'au début de l'action. Et pourquoi pas jusqu'au coup d'envoi ? Si les joueurs et les entraîneurs savent que le recours à la vidéo est possible, ils vont demander sans cesse qu'on remonte le temps.

C'est pourquoi il faut limiter l'usage de ce magnifique outil. Comme par exemple au tennis (trois challenges par set). Ces *replays* permettent aux joueurs de faire vérifier à la vidéo l'impact de la balle. Je crois qu'on ne peut plus se priver des caméras dans le football moderne.

Mon sport favori ne peut demeurer au XXIe siècle le sport collectif professionnel le plus mal arbitré du monde. Ne croyez surtout pas que le mauvais arbitrage soit une spécialité française : c'est pareil en Italie, en Angleterre et partout ailleurs. Avec seulement trois arbitres pouvant se déplacer sur une surface de jeu de plus de quatre mille mètres carrés, on laisse des pans entiers du jeu livrés au non-droit. Alors faut-il suivre Platini et en arriver à l'arbitrage à cinq ? Je suis dubitatif tant j'ai vu de matchs arbitrés par un juge central et deux mannequins avec des drapeaux le long des lignes de touche. L'influence des assistants sur les décisions de l'arbitre a certes un peu progressé, mais je ne suis pas certain qu'en diluant encore leur rôle on améliorera les choses. L'expérience tentée en Ligue Europa lors de la saison 2009-2010 n'est pas probante, sauf que deux piquets apparaissent, immuables, derrière les buts garantissant la même soumission et la même déférence au chef, c'est-à-dire à l'arbitre central et ne pouvant humainement le contredire éventuellement. Appliquons plutôt, et de manière mesurée, la vidéo pour vérifier, quand c'est possible, si un ballon a franchi ou non la ligne de but, punissons sévèrement l'antijeu grâce aux images revues *a posteriori* et nous aurons nettoyé les règles vieillottes du football.

3

La face cachée de Zidane

Alors qu'il a mis fin à sa carrière de footballeur depuis 2006, Zidane reste l'une des figures tutélaires du football français. Il est adulé, choyé, respecté, et c'est légitime, eu égard à son immense palmarès. Avec Noah, c'est un abonné des deux premières places des personnalités les plus aimées des Français au palmarès mensuel du *Journal du Dimanche*.

Il y a deux Zidane. Le gentil et l'autre qui n'est pas méchant dès qu'il quitte le terrain. Il va profiter d'ailleurs de la gentillesse du premier pour conduire ses affaires. Et c'est son droit.

Voyons d'abord le footballeur d'un talent immense, incontesté. La première fois que je l'ai vu jouer, il évoluait encore sous le maillot rouge et blanc de l'AS Cannes. Il était dirigé par un jeune entraîneur : Luis Fernandez. Je l'ai suivi à Bordeaux, en particulier lors de la fantastique saison 1996. J'étais encore dans la tribune de presse de Bordeaux lorsque Zizou a étrenné sa première sélection en équipe de France, en août 94, en marquant deux buts face à la République tchèque (2-2).

Aucun problème avec le talent du joueur qui entre incontestablement dans les dix meilleurs de l'histoire, tous postes confondus. On a tendance à le comparer à Platini ou Maradona. Pour avoir vu jouer les trois, je peux affirmer que ce n'est pas du tout le même genre de joueur et qu'il est hasardeux de tenter de telles comparaisons. On dit Zidane moins buteur que les deux autres ; je dis que ses buts sont certes plus rares, mais souvent décisifs, tels ceux de la finale de la Coupe du monde 1998 (France-Brésil : 3-0) ou celui de la finale de la Ligue des champions 2000 (Real Madrid-Leverkusen : 2-1).

Il y a également le Zidane de tous les jours. Celui-là, je pense que bien des gens le connaissent moins, même s'ils ont pu en avoir une idée lors de la finale de la Coupe du monde 2006. Ce jour-là, sa réaction à la provocation de Materazzi en a dit long sur sa personnalité. Il a évidemment été harcelé, irrité, nargué lors de cette finale. C'est ce qui a permis à l'opinion publique de lui pardonner malgré l'énormité de ce qu'il avait fait. Même le président de la République de l'époque, Jacques Chirac, l'a absous publiquement, ce qui est assez extraordinaire. Parce que, si on réfléchit bien, quiconque ferait un tel geste dans la rue serait immédiatement envoyé au poste de police.

En outre, sur le plan sportif, son acte coûte à la France une Coupe du monde qui aurait pu être la deuxième de son histoire. Et s'il ne peut être tenu pour seul responsable de la défaite, on peut imaginer qu'avec lui, dans la prolongation ou les tirs au but, les Bleus pouvaient l'emporter.

Par ce geste imbécile, il a mis l'équipe de France en grosse difficulté.

Car autant l'équipe d'Italie méritait de remporter l'Euro 2000 (victoire des Bleus sur un but en or de Trézéguet) parce qu'elle était la meilleure ce jour-là, autant l'équipe de France de la finale 2006 devait logiquement s'imposer. Elle semblait supérieure tactiquement et physiquement, elle avait pris le jeu à son compte, et bien que le football ne soit pas affaire de logique, elle avait le match en main. L'aurait-elle emporté finalement ? Personne ne peut le dire. Mais avec Zidane, auteur de la magistrale panenka sur un penalty en première période, c'était possible.

Cette incapacité à se maîtriser face aux multiples provocations dont il est l'objet au cours d'un match, de même que sa propension à chercher lui-même les ennuis, c'est la face cachée de Zidane.

Pour quiconque a bien suivi sa carrière, elle est apparue à plusieurs reprises au cours des années. Le 18 septembre 1993, lors du sommet du championnat de France, il gère mal la pression que lui fait supporter le déjà très expérimenté Marcel Desailly. Bilan : un coup de poing au visage de son futur coéquipier en équipe de France, un œil au beurre noir et deux points de suture. Une réaction que le grand Marcel n'avait pas prévue et qu'il ne se privera pas de rappeler après le 9 juillet 2006.

Après ce premier écart connu, Zidane fera amende honorable et déclarera : « J'ai pété les plombs et je le regrette. J'ai été insulté, chambré et j'ai mal réagi. C'est le métier qui rentre, je prends tout sur moi. »

Seulement, deux ans plus tard, Zizou remet ça. Une nouvelle fois lors d'un match à gros enjeu. Les Girondins disputent face à Karlsruhe un huitième de finale de Coupe de l'UEFA. Après avoir reçu un coup à retardement de Fink, Zidane le gifle sauvagement alors que Bordeaux mène 1-0. Il est expulsé. Lors du match retour, les Girondins sont battus 3-0 et éliminés. « Je suis inexcusable, mais je n'ai pas arrêté de prendre des coups », alléguera encore Zidane. Deux mois plus tard, c'est pourtant lui qui fait mouche le premier avec un tacle impardonnable sur Mendy, lors de Martigues-Bordeaux, en championnat de France. C'est sa troisième expulsion en deux ans.

Avec la Juventus de Turin, d'autres vilains tacles et quelques poings baladeurs lui vaudront encore de quitter prématurément le terrain. Contre Pérouse en septembre 1996, puis contre Parme cinq mois plus tard. Son coach de l'époque le soutient mais il a noté que « Zizou est tombé dans le piège de la provocation ». Cet entraîneur perspicace, c'est Marcello Lippi, le futur sélectionneur de la Squadra championne du monde 2006.

A l'approche de la Coupe du monde que la France organise en 1998, il se montre nerveux durant les matchs amicaux de préparation. Face à la Finlande, le 5 juin 1998, il piétine la poitrine de Wiss. Il n'écopera que d'un carton jaune. Son capitaine, Didier Deschamps, et le sélectionneur Aimé Jacquet le mettent en garde. Zidane tempère : « J'ai changé. Je sais ne plus avoir de réactions épidermiques interdites à ce niveau de la compétition. Si je fais les mêmes gestes en Coupe du monde, les conséquences seront graves. » Prémonitoire, non ?

Ainsi, même alerté sur son tempérament, Zidane craque une nouvelle fois lors du Mondial 1998. Alors que la France mène 2-0 devant l'Arabie Saoudite, il écrase la hanche de Fouad Amin qui venait de tenter vainement de le tacler. « Son geste était prémédité, témoigne le Saoudien. Il était dans tous ses états. Comment un grand joueur de la trempe de Zidane peut-il se permettre d'agresser méchamment un adversaire à terre ? Cette accumulation de cartons rouges chez Zidane est sans doute due à son tempérament. »

Bien vu. Zidane confirme : « Quand on a une si forte envie de réussir, cela passe parfois par disons.. des écarts. »

En octobre 1998, de retour dans le Calcio, il écope d'un nouveau carton rouge devant l'Inter. *Idem* l'année d'après contre la Roma, cette fois pour simulation. Mais sa période la plus faste reste l'automne 2000. Vainqueur de l'Euro, il est favori pour le Ballon d'or *France Football*. Le 2 septembre, en amical face à l'Angleterre, il se venge du marquage serré de Dennis Wise. Roger Lemerre, le sélectionneur, le sort avant que le jaune ne vire au magenta. Le 26 septembre, en Ligue des champions face à La Corogne, il tacle Emerson les deux pieds en avant. Un mois plus tard, face à Hambourg, sévèrement marqué par Jochen Kientz, il lui assène un coup de boule imparable. Evidemment exclu, pour la deuxième fois en quatre matchs de Ligue des champions, il perd toutes ses chances pour le Ballon d'or et écope de cinq matchs de suspension infligés par l'UEFA. « Je mérite une sanction car mon geste n'est pas permis, admet Zidane qui se défend mollement. Je veux qu'on tienne compte des faits qui ont entraîné ce geste. Le traitement que m'a infligé mon adversaire direct m'a particulièrement énervé. Je suis sûr que son coup de genou violent dans le dos était volontaire. Je me suis fait justice moi-même… Je suis un père de famille et je me dois d'être exemplaire. »

Au Real pourtant, il sera expulsé encore trois fois. Dont une lors d'un match filmé pour un reportage qui lui est consacré…

Pendant quatre ans, Zizou se le tient pour dit. Au Real Madrid, son casier ne s'alourdit d'aucune expulsion… jusqu'à ce match de Liga à Séville, le 11 février 2004. A l'insu de l'arbitre, après avoir reçu un coup de coude dans le visage de la part de Pablo Alfaro, Zidane lui décoche une petite claque humiliante. Las ! Le juge de ligne a tout vu. Dehors, le Galactique !

Expulsé encore en avril 2004, il se tient à carreau pendant un an. Mais le Real pioche en championnat. Il ne gagne plus en Ligue des champions. Zidane voit le temps passer et les titres s'éloigner. On va tourner un film de cinéma sur lui. Sur un match, un seul. San Bernabeu est truffé de caméras ultrasophistiquées installées par deux réalisateurs, Douglas Gordon et Philippe Parreno. Des mois de travail, une équipe entière d'artistes et de techniciens pour un seul acteur : Zinedine Zidane. Y pense-t-il seulement lorsque, à la dernière minute de jeu, il vient porter assistance à Raul dans une échauffourée et pousse sèchement un adversaire ? Le treizième rouge de sa carrière est immortalisé. Le film s'appellera *Zidane, un portrait du XXIe siècle* et sortira en salles un an plus tard.

Pendant la Coupe du monde 2006, les premiers matchs (0-0 contre la Suisse, 1-1 contre la Corée du Sud) sont pauvres, inquiétants. Zidane, nerveux, est averti contre la Suisse. Dominée tout le match, la Corée égalise à la quatre-vingt-unième minute. Trois minutes plus tard, un attroupement se constitue à l'approche de la surface coréenne. Zidane franchit soudain les vingt mètres qui le séparent du groupe pour pousser un Coréen. Il écope de son deuxième carton jaune en deux matchs. Il ne pourra pas jouer le match décisif contre le Togo. Domenech le sort presque aussitôt. Eblouissant en quart de finale contre le Brésil (1-0), parfait contre le Portugal en demie (1-0), Zidane dispute la finale de la Coupe du monde contre l'Italie pour le dernier match de sa carrière. A la panenka qu'il réussit à la septième minute face à Buffon répond la tête de Materazzi au quart d'heure de jeu (1-1). Zidane semble très mal supporter les fautes sur Thierry Henry ou les charges de Cannavaro sur Vieira. Mais lui-même ne subit qu'une seule faute sifflée par l'arbitre, l'Argentin M. Elizondo. Prolongation. La France domine. Les Italiens, épuisés, se recroquevillent sur leur but. C'est désormais possible : la France peut gagner sa deuxième coupe du monde et Zidane réussir le plus fou des exploits le jour de son dernier match. A la cent quatrième minute, sur un centre de Sagnol, Zidane place une tête puissante sous la barre. Buffon réussit sa parade. Quatre minutes plus tard, Zidane et Materazzi échangent quelques mots à l'insu de l'arbitre. Le Français s'éloigne puis, soudain, revient sur ses pas et, de la tête, percute Materazzi en pleine poitrine. Coup de boule, coup de boule ! M. Elizondo n'a rien vu, mais son assistant, M. Luis Medina Cantalejo, cafte tout. *Raus !* Quatorzième expulsion. Deux fois plus que Gattuso qui vient le consoler avant que le Français ne quitte le terrain !

Interrogé sur Canal + le 13 juillet, Zidane s'est excusé auprès des enfants et des éducateurs, mais maintient qu'il ne regrette pas son geste : « On parle toujours de la réaction. Forcément, elle est punissable. Mon geste n'est pas pardonnable. Mais s'il n'y a pas de provocation, il n'y a pas de réaction. Le coupable, c'est celui qui provoque. »

Cette déclaration, que Zidane a mûrement réfléchie, est symptomatique de ce qu'il ressent profondément. Sa morale, c'est œil pour œil. Je suis persuadé que Jérôme Rothen ne ment pas lorsqu'il raconte dans son livre[1] que, lors du quart de finale retour de Ligue des

1. *Vous n'allez pas me croire*, Jérôme Rothen en collaboration avec Damien Degorre, éditions Prolongations, 2008.

champions, le 6 avril 2004, Zidane s'est révélé sous son vrai jour.

« Sur l'une des dernières actions de la rencontre, écrit Rothen, me voici en un contre un face à Zinedine Zidane. Le ballon lui colle aux pieds, et j'avoue ne pas savoir comment éviter de me retrouver le cul par terre pendant qu'il filera vers notre but. [...] Ma technique défensive s'avère payante. Je parviens à lui subtiliser le ballon. J'amorce une contre-attaque quand, soudain, j'entends le bruit des crampons de mon adversaire qui est en train de revenir vers moi. Son tacle par-derrière me fauche la cheville et je me retrouve au sol. Je n'ai pas vraiment mal, mais, vu qu'il ne reste que quelques minutes à jouer, je m'écroule comme un mauvais acteur de cinéma et j'en rajoute sur ma douleur. C'est de bonne guerre. N'importe qui agirait de la même façon dans cette circonstance. Zinedine s'arrête à côté de moi, se penche et me lance : "Relève-toi, fils de pute." [...] Sur le coup, je me dis que ces mots lui sont sortis de la bouche par réflexe. Qu'il s'excusera, c'est sûr, à la fin du match, de les avoir prononcés. Mais non ! Il ne s'excuse pas ! Je ne comprends pas. Pourquoi tant de haine ? Je ne m'attendais vraiment pas à ça de la part du joueur que j'admire le plus au monde. »

La réaction de Rothen est celle de la plupart des gens qui n'ont pas voulu voir la réalité des choses. Rothen est tombé du mur, pour lui un mythe s'est écroulé comme il s'est écroulé pour des milliers de supporters de l'équipe de France en 2006. Zidane est bien comme ça. C'est plutôt un type agréable, mais il lui arrive de péter les plombs et il n'est jamais arrivé à se départir d'un côté mesquin qui détone tout de même avec l'image d'une star de dimension mondiale.

C'est ainsi qu'en 1999 j'ai pu mesurer jusqu'où pouvait aller son intérêt pour l'argent. L'hebdomadaire

VSD, qui vient d'acheter de belles photos de Zidane en vacances, m'appelle pour faire une interview du tout récent champion du monde qui évolue encore à la Juventus de Turin. Je profite d'un match de Coupe de l'UEFA entre le Stade Rennais et la Juve pour le rencontrer. On traverse le terrain ensemble, il me parle un peu de ses vacances, de choses très générales, j'obtiens son accord pour publier son interview. *VSD* me rappelle alors en me disant qu'ils ont décidé faire la couverture sur Zidane et que je dois fournir trois feuillets de plus. Je ne vais pas rappeler Zidane pour ça, alors j'allonge la sauce. Je délaye. Ça donne un questions-réponses sans saveur, sans rien de croustillant. Pour tout dire, je cire les pompes de Zizou. Je n'en suis pas très fier, mais bon, ça arrive.

Et puis vient le double déplacement de l'équipe de France en Ukraine et en Arménie, comptant pour les qualifications pour l'Euro 2000. Le voyage en Ukraine se passe correctement. Arrive l'Arménie, le dénuement total. La pauvreté. Rien ne marchait, aucune tonalité quand on décrochait un téléphone. Mais des gens adorables et ravis de nous rencontrer. C'est dans cet esprit que la presse arménienne organise un petit cocktail très simple pour la presse française et qu'elle invite deux ou trois joueurs de l'équipe de France. Zidane est présent. Il répond à de nombreuses questions. Je me tiens à l'écart, j'écoute. Et puis Zizou vient me voir, me prend à part et me donne rendez-vous dans l'avion du retour.

— C'est à propos de l'interview de *VSD*, me dit-il alors après la victoire de la France (3-2) à laquelle il a contribué en marquant le but du 2-1. Je ne suis pas content...

— Mais de quoi ? Le texte ne pose aucun problème, les photos sont parfaites...

— Non, non, ce n'est pas ça... Mes parents l'ont lue, l'interview est très bien. Mais toi, tu as touché de l'argent pour ça ?

— Oui, j'ai touché une pige journalistique. Normal, c'est mon métier comme toi de jouer au foot.

— Combien ?

— Cinq mille francs, je crois...

— Et moi, combien je vais toucher ?

— Tu sais bien comment ça se passe. On ne donne pas d'argent aux joueurs. En somme, on leur assure une notoriété qu'ils peuvent ensuite monnayer.

— Ça, c'était avant. Maintenant, quand *Paris Match* ou un autre magazine fait la couverture avec moi, on me verse une somme.

— Bon, d'accord, alors dorénavant, quand je voudrai t'interviewer et que ça doit faire la une d'un journal, j'appelle ton agent, Alain Migliaccio...

— Non, non, ça, ce sont des choses qui me concernent directement. Alain ne doit pas s'en occuper. Tu m'en parles à moi.

— Ecoute, je vais me renseigner auprès de *VSD*. En attendant, si tu veux, on peut partager les cinq mille francs.

Ça ne l'intéressait évidemment pas. A l'époque, il gagnait déjà chaque mois plusieurs centaines de milliers de ce qui allait devenir des euros.

De retour à Paris, j'appelle Thierry Bretagne, le rédacteur en chef de *VSD*, et je lui parle de la demande de Zidane. « Pas question ! », me lâche-t-il.

L'affaire était close et je n'en ai parlé à personne, mais cet épisode n'a jamais cessé de me trotter dans la tête. L'image de ce grand joueur était à jamais écornée. Depuis, je ne peux m'empêcher, dès que Zidane fait quelque chose, de me demander combien il touche ou de remettre en question la sincérité de ses engagements. Typiquement, lorsqu'il déclare être le conseiller du président du Real Madrid Florentino Perez, je sais pertinemment que ce n'est que de l'image. Il ne fait rien pour le Real, ni conseil ni recrutement. Il est proche de Perez sur les photos, c'est tout.

Zidane n'est pas un mauvais bougre, mais il veut donner une image de lui-même qui, au fond, ne lui correspond pas toujours. Elle est peut-être surdimensionnée par rapport à ce qu'est le bonhomme.

J'en veux pour preuve une autre histoire, typique du comportement intéressé de Zidane. Il a provoqué la déception et la colère des élus marseillais qui avaient élaboré avec lui le projet d'un complexe de futsal (avec restaurant et centre de remise en forme) sur leur commune dans les quartiers nord.

Zidane a finalement signé un partenariat en septembre 2009 avec Aix-en-Provence. Pour expliquer ce revirement, l'enfant de la Castellane a allégué que trop d'atermoiements risquaient de pénaliser le projet. Et, surtout, que l'instabilité du sol à l'endroit prévu pour installer le complexe, près de Grand Littoral, à Marseille, rendait l'entreprise trop périlleuse. Pour autant, l'adjoint aux sports de Marseille, Richard Miron, n'a pas mâché ses mots dans *La Provence* du 9 septembre 2009 : « Il y a Zidane le footballeur, mais aussi Zidane le businessman. Chez nous, il y avait un projet social capital. Le projet aixois est davantage dans une optique économique… »

Quelles que soient les raisons profondes du désaccord, je constate que le futur musée Zidane qui sera abrité dans ce complexe verra le jour à Aix et pas dans la cité phocéenne qui a vu naître ce génie du foot. Dommage, non ?

4

Platini, taille patron

Voilà désormais plus de trente-cinq ans que j'observe le parcours étonnant d'un monument du football : Michel Platini. Tout en rondeurs, dès son plus jeune âge (il n'avait pas dix-huit ans qu'Antoine Redin, son entraîneur à Nancy, l'engageait tous les matins à perdre cinq kilos !), le meilleur joueur français de l'histoire est devenu, presque sans qu'on y prenne garde, un dirigeant courageux et respecté par tout le football mondial.

Cela semble évident aujourd'hui : Michel Platini est président de l'UEFA, l'Union Européenne de Football Association, la confédération la plus puissante du foot derrière la FIFA. Et sans doute son parcours est-il loin d'être terminé. Mais un tel itinéraire n'a rien d'anodin, surtout pour quelqu'un qui n'a pas mené ses études très loin, qui a fort bien vécu du football et aurait pu passer le reste de ses jours à profiter de la vie plutôt qu'à se colleter des réunions ennuyeuses, des discours diplomatiques et des voyages au long cours. D'autant qu'il trimballait l'image d'un type intelligent, surdoué du foot, mais un peu cossard, et pas forcément enclin à embrasser une carrière de rond-de-cuir.

Sans doute la facilité technique du joueur qu'il fut a-t-elle quelque peu faussé le jugement qu'on a pu porter sur lui. Sur un terrain, Platoche était loin d'être un athlète. Mais il avait pour lui deux atouts immenses au football : un pied capable d'envoyer le ballon exactement où il le voulait et un œil qui voyait tout avant les autres. Rien ne sert de courir si on ne sait pas où se placer. Rien ne sert de tirer fort si c'est pour faire briller les gardiens.

Il ne faut pas oublier que, dès le départ, Platini a beaucoup travaillé. On a raconté mille fois ses heures passées à tirer des coups francs contre la porte du garage de la maison familiale. Mais il a aussi trimé des mois à s'accrocher à l'entraînement, ou en match, souvent face à des joueurs plus matures que lui sur le plan physique parce qu'il était surclassé de catégorie. Quant à son œil, sa science du jeu, sa capacité à comprendre toutes les situations du foot, et surtout son respect des anciens et son aptitude à les écouter et à apprendre auprès d'eux, on ne m'empêchera pas de penser que son père, Aldo Platini, prof de maths et entraîneur lui-même, y est pour quelque chose.

C'est grâce à Michel Mézy que j'ai été l'un des tout premiers à suivre Michel Platini. Mézy jouait à Nîmes et, le 2 mai 1973, il était à Nancy avec son équipe pour voir débuter en L1 ce junior dont on disait déjà grand bien. « Va le voir, il sait tout faire, il est fabuleux », me dit Mézy.

Même si, dès lors, je jette un œil un peu plus curieux sur les fiches de match de Nancy, je ne verrai Platini en chair (surtout) et en os (un peu) qu'un an et demi plus tard, le 5 décembre 1975, à Blois. Platini joue alors avec l'équipe de France amateur contre la Roumanie. Un match remporté haut la main (4-0) qui compte pour les qualifications aux JO de 1976 à Montréal. A l'issue de la rencontre, je me rends avec mon micro dans le vestiaire (c'était encore chose possible à l'époque) et je me présente.

— Ah, c'est vous Saccomano... me lance-t-il. Enchanté. Je ne connaissais pas votre voix. Vous savez, je vis dans l'est de la France. A la maison, on écoute Radio Luxembourg.

Du Platini tout craché. Sympa et chambreur. Respectueux et ironique à la fois.

Michel Hidalgo vient de prendre en main l'équipe de France et il est évident qu'il ne va pas tarder à l'appeler.

C'est chose faite le 27 mars 1976, lors de France-Tchécoslovaquie (2-2), un match amical joué au Parc des Princes devant vingt mille spectateurs. Ce jour-là, Platini disputera toute la rencontre, comme d'ailleurs un arrière droit moustachu du nom de Raymond Domenech. La France mène rapidement 1-0. A la soixante-treizième minute, alors que le capitaine des Bleus, Henri Michel, s'apprête à tirer un coup franc, Platini lui prend le ballon des mains : « Laisse-la-moi, je la mets au fond ! » Et il le fait : 2-0. Les Tchèques reviendront ensuite au score, mais l'histoire est en marche. L'équipe de France vient d'accueillir en son sein celui qui la rendra grande.

Les médias en ont immédiatement conscience et font leurs choux gras du jeune prodige.

Mais j'ai pris une longueur d'avance et c'est avec moi qu'il déjeune dès le lendemain rue Marbeuf, chez Edgar, le restaurant du Tout-Paris médiatico-politique, aujourd'hui disparu pour laisser la place à un magasin de fringues. Les fringues et les banques pullulent et la vie disparaît.

Ce jour-là, le hasard veut que Jean-Luc Lagardère, le grand patron d'Hachette et donc d'Europe 1, déjeune lui aussi chez Edgar. Ravi de rencontrer Platini, il nous invite à sa table pour le café.

— Michel, lui dit-il, je me passionne pour le foot. Et le jour où je m'engagerai complètement dans un club, je vous appellerai, d'accord ?

— Gégène vous donnera mon téléphone. En tout cas, c'est sympa que vous aidiez Nantes et Lens.

Dans l'après-midi, je prends le train pour Nancy, toujours flanqué de Platini pour enchaîner les reportages sur la nouvelle star du foot français.

Dès le lendemain, Anna, sa mère, nous prépare la *pasta*. Laurent Pokou est avec nous. C'est ainsi que je deviens copain avec Michel Platini qui me fera confiance durant toute sa carrière et, même aujourd'hui, il ne me refuse jamais une interview quand je le sollicite.

Cette proximité avec le meilleur joueur français de l'époque m'a conduit à m'écarter à deux reprises de mon métier de journaliste pour me rapprocher de celui de conseiller, bien que je n'en aie jamais tiré un seul centime.

A la demande de Jean-Luc Lagardère, j'ai d'abord joué les intercesseurs entre Platini et le FC Nantes qui souhaitait le recruter en 1979. Lagardère, sponsor du FC Nantes, mais qui lançait aussi une usine de composants électroniques dans la région, lui promettait un salaire annuel de six cent mille francs et en fin de carrière une belle reconversion assurée dans le groupe. Mais allez parler de reconversion à un joueur de vingt-trois ans. Poli, et sans doute un peu pour ne pas me mettre en porte-à-faux, Platini a téléphoné à Jean-Luc Lagardère. Il allait lui dire non même si le patron de Matra y a cru jusqu'à la dernière minute, même lorsque je lui ai dit que Michel venait de signer à Saint-Etienne. Il y touchera un million net d'impôts chaque saison.

Quelques jours avant l'annonce de ce transfert, finalisé le 29 mai dans le plus grand secret par Roger Rocher, président de Saint-Etienne, Pierre Garonnaire, entraîneur, et Jean-Claude Marjollet, directeur administratif, venus en avion privé à Nancy, je reçois un coup de fil de Bernard Genestar, entré au conseil d'administration de l'OM, qui veut lui aussi « faire signer Michel ».

En moins d'un mois, on me demande une nouvelle fois de jouer les entremetteurs et de convaincre Platini de choisir l'OM. Il est hors de question que je m'engage dans cette direction mais je facilite le contact entre Genestar et Platini.

— Michel, l'OM va venir te voir. C'est un pied-noir tchatcheur qui s'occupera de l'affaire. Il s'appelle Bernard Genestar, membre de leur comité directeur.

— Je l'écouterai, mais j'ai d'autres sollicitations.

— Ils vont te promettre un ciel plus bleu qu'à Nancy, une villa sur la Corniche et même un bateau, m'ont-ils dit.

— Je me méfie des promesses. Ils verront tout ça avec mon président, Claude Cuny.

Une délégation de l'OM, dont Marius Trésor, joueur emblématique du club et bon copain de Platoche chez les Bleus, se rend donc à Nancy pour convaincre le jeune génie. Peine perdue. Sauf pour Genestar qui profite de l'occasion pour séduire Platini et devenir son agent. C'est même lui qui négociera son transfert à Saint-Etienne.

Sans y penser, je viens de faire la fortune de Bernard Genestar.

Je connais bien l'oiseau puisque c'est moi qui lui ai offert l'un de ses premiers petits boulots, à Marseille, alors qu'il débarquait de son Algérie natale en 1962. Il s'était très vite intégré dans cette ville où sa tchatche incessante faisait merveille. J'organisais alors des concerts, des galas de variétés comme on disait à l'époque. Cela commençait d'ailleurs à bien marcher. J'avais besoin d'un assistant qui puisse me décharger des tâches les plus contraignantes. Son caractère s'accommodait bien de la vie nocturne, des paillettes et du cortège de faux-semblants qui accompagnent les métiers du spectacle.

Lorsque je suis entré à Europe 1 comme correspondant à Marseille, j'ai même recommandé Genestar pour qu'il assure mes remplacements. Et, lorsque, lassé, je lui ai laissé mon affaire de spectacle après l'avoir présenté aux imprésarios les plus fameux (Lederman, Marouani...), il a su faire fortune dans ce métier où l'argent, qu'il adorait par-dessus tout, circule vite. C'est ainsi qu'il est devenu une personnalité locale, ce qui lui a permis d'entrer à l'OM.

Mais pour lui, Platini, c'était une autre dimension. Il l'a compris aussitôt et a su exploiter au mieux la « marque Platini », comme on dirait aujourd'hui.

C'est lui qui a permis à Michel Platini de signer des contrats juteux, sans jeu de mots, avec Fruité (« Fruité, c'est plus musclé ! »). Lui encore qui est à l'origine de la ligne de vêtements de sport « 10 Platini ».

En 1982, j'avais alors coupé les ponts depuis longtemps avec Genestar, qui m'avait été bien utile, je dois le reconnaître, mais qui ne m'intéressait plus et que je n'intéressais plus. Ses positions d'extrême droite ne me plaisaient pas et son obsession pour l'argent me fatiguait. Pour autant, je n'étais pas fâché avec lui et il allait me permettre indirectement de réussir l'un des plus beaux scoops de ma carrière, après évidemment celui des JO de Munich en septembre 1972.

A la fin de la saison 1981-1982, la Coupe du monde en Espagne approche, mais il est également évident que Michel Platini, devenu l'un des meilleurs joueurs d'Europe, va quitter la France. La tendance est à l'Angleterre (Arsenal) ou l'Italie (Inter). Le 29 avril, grâce à Dominique Blanchard, notre correspondant à Saint-Etienne, aujourd'hui à LCI, j'apprends que Platini ne s'entraînera pas ce jour-là pour « convenance personnelle ». Le téléphone rouge (les infos livrées par les auditeurs contre cinq cents francs) me permet d'apprendre qu'il s'est envolé de l'aéroport de Lyon-Satolas en direction de l'Italie.

J'appelle alors chez Bernard Genestar et tombe sur sa femme Jacqueline qui confirme seulement la destination italienne. Milan ou Turin ? Pas moyen de savoir. Puis je joins Aldo Platini, Robert Herbin, l'entraîneur des Verts... Aucun ne confirme. Enfin, un collègue italien m'affirme que les dirigeants de la Juve sont en discussion avec un nouveau joueur au siège de la Fiat, à Turin. J'appelle alors Giampiero Boniperti, le président du club, qui me répond et, mieux, me passe Genestar. Discussion houleuse.

— Comment tu m'as trouvé ? Qui t'a dit que j'étais là ? Rien n'est fait...

— Mais, Bernard, tu n'es pas dans la crypte de Notre-Dame-de-la-Garde, tu es au siège de la Juve. A Turin. Ne me prends pas pour un imbécile !

— Rien n'est signé. Surtout, n'en parle pas. Je te dirai tout quand ce sera fait si ça doit se faire. Les Anglais sont toujours là. Arsenal ne cesse de nous appeler.

Il est obligé de rendre poliment le combiné téléphonique à Boniperti qui me confirme naturellement la signature de Platini à la Juventus de Turin. Il est alors presque 19 heures, l'heure du grand journal de Jean-Claude Dassier sur Europe 1. D'une voix ferme et presque tonitruante, il donne l'info. Et nous diffusons l'interview de Boniperti. Dans notre métier, on est très fier de réussir un scoop. Je le suis.

En Italie, Platini se consacrera presque exclusivement au football, glanant une Coupe des champions (1985), une Coupe des vainqueurs de coupe (1984), deux Scudetti (1984, 1985), une Coupe d'Italie (1983) et trois Ballons d'or *France Football* (1983, 1984, 1985). Il est clairement le meilleur joueur du monde. En moins de six mois, il est devenu le roi sur le terrain et le chouchou de Gianni Agnelli, le patron tout-puissant de la Fiat et du club.

En changeant de dimension, Michel prendra aussi ses distances avec Genestar qui, pour sa part, ne faisait pas que des bonnes affaires avec la marque Platini. Mais Michel a toujours refusé de m'en dire du mal : « Je ne pourrai jamais en vouloir à Bernard car il m'a fait faire le transfert de ma vie lorsque j'ai signé à Saint-Etienne. »

Poursuivi par le fisc et menacé de prison, Bernard Genestar, terriblement angoissé, est mort dans son lit d'une crise cardiaque en 2000, à cinquante-huit ans. Entre-temps, Platini avait appris depuis longtemps à se débrouiller sans lui.

Car sous ses dehors bonhommes ou bougons, selon les jours ou les circonstances, Platini est un type intelligent qui sait écouter et apprendre des autres. A Turin, il dînait régulièrement avec l'*avvocato* Agnelli. Il a toujours manifesté un énorme respect pour cette figure de l'industrie italienne qui le couvait, comme un père un peu lointain jette un regard bienveillant sur un enfant qui ne cesse en fait de l'étonner.

Pour ma part, j'ai compris dès le Mundial 1982 que Platini avait assez de talent pour survivre à la fin de sa carrière de footballeur. Comme tous les partisans du moindre effort, il ne cesse de trouver des stratagèmes pour ne pas se fatiguer. Et ça, ça rend intelligent ! Plutôt de que passer des heures à accomplir une tâche qui le rebute, il préfère la comprendre, la maîtriser pour mieux l'accomplir et s'en débarrasser.

J'ai ainsi dû le pousser dans quelques-uns de ses retranchements quand il a accepté d'être consultant pendant la Coupe du monde 82. Nous avions répété à Saint-Etienne durant le printemps pour qu'il se familiarise avec le média radio. Il trouvait cela fastidieux, c'était évident. Mais il a fait l'effort. Et il est rapidement devenu excellent. Pendant la Coupe du monde, après les matchs, je ralliais son hôtel pour recueillir en exclusivité ses commentaires qui étaient livrés le lendemain matin à l'antenne. Et puis, à l'issue du match pour la troisième place qu'il ne joue pas et que la France perd à Alicante (2-3 face à la Pologne), je vais le chercher pour l'emmener à Madrid pour qu'il commente la finale Allemagne-Italie (1-3).

Il s'était parfaitement tiré de l'exercice, très intéressé par les Italiens, évidemment, puisque c'étaient ses futurs coéquipiers, la Juventus de Turin constituant l'ossature de la Squadra. Déjà, à l'époque, Platini est un bon consultant radio. Il avait compris grâce à nos trainings du printemps que le journaliste racontait le match et qu'il lui appartenait de donner des indications techniques très précises. Et puis il avait toujours cet œil qui lui permettait de voir tout ce qui allait se passer à l'avance et de l'annoncer à l'antenne.

Il a d'ailleurs gardé ce talent lorsqu'il est devenu consultant de Canal + pour la Ligue des champions. Il parlait peu mais son point de vue était chaque fois pertinent.

J'ai noté encore un autre indice lors de ce Mundial 1982 qui pouvait laisser penser le tour qu'allait prendre la deuxième carrière de Platini. Près de l'hôtel de Madrid où nous étions logés juste avant la finale, de nombreuses bagarres se sont déroulées entre des supporters anglais désœuvrés et des *socios* d'extrême droite du Real, donnant lieu à des scènes d'une rare violence et Michel en avait été très affecté.

Lorsqu'est survenu le drame du Heysel au cours duquel la Juventus de Turin a conquis la Coupe des champions face à Liverpool, Platini était sur le terrain. Sur l'instant, comme tous les joueurs, il n'a pas bien compris ce qui se passait. Mais il a toujours gardé un terrible souvenir de ces instants cauchemardesques : trente-neuf personnes ont trouvé la mort ce 29 mai 1985 à Bruxelles après la charge des hooligans anglais sur les supporters de la Juve, qui moururent étouffés ou écrasés sur les grilles de sécurité du stade.

Il y avait quelque chose de prémonitoire dans les scènes auxquelles nous avions assisté Michel et moi en 1982 à Madrid. Et ces événements, que Platini n'a pas forcément analysés sur le moment, ont marqué sa personnalité et sans doute joué sur sa décision, vingt ans plus tard, de briguer la présidence de l'UEFA. Je suis certain qu'il y a chez lui la volonté de mettre en place les conditions pour que de telles horreurs ne se reproduisent plus jamais dans le football. Pour que le foot reste un jeu et ne soit jamais un drame. C'est le sens de ce qu'il a déclaré à propos de l'équipe de France lorsqu'elle semblait en mauvaise posture pour se qualifier pour la Coupe du monde 2010. « Une élimination ne serait pas un drame », avait-il lancé, choquant au passage les bonnes consciences footballistiques françaises. Il fallait le prendre au mot. Oui, Platini en est convaincu depuis longtemps : il y a des choses plus importantes que le foot. Et il ne faut pas prendre la distance qu'il affiche parfois vis-à-vis des aspects véniels du ballon pour du mépris ou du je-m'en-foutisme. Il s'agit juste, à mon sens, d'une certaine capacité à voir plus loin, à ne pas se laisser happer par l'instant.

Et c'est précisément cette capacité à prendre du recul qui fait l'étoffe des grands dirigeants.

Il était encore joueur, en juin 1984, lors de la chevauchée fantastique de l'équipe de France à l'Euro. Il était irrésistible, en particulier lors de France-Portugal en demi-finale, un match qu'il a su renverser en faveur des Bleus avec l'indispensable complicité de Jean Tigana. Et puis son coup franc, que laisse échapper Luis Arconada, en finale, est resté moins célèbre que la toile du gardien espagnol, mais c'est bien encore Platini qui est à la manœuvre ce jour-là sur le terrain. 1984 est son année la plus faste. Roi de France, parfaitement intégré en Italie, il entre dans sa trentième année... Tout lui sourit. Seule la Coupe du monde manque à son palmarès. C'est son objectif pour 1986. A cet instant, Platini est un joueur triomphant, cent pour cent joueur. Avec des espoirs sportifs et des envies de victoires.

Pourtant, je ne puis m'empêcher de penser, avec le recul, qu'il n'a pas perdu une miette de l'organisation de cet Euro 1984. A sa façon, avec son air de ne pas y toucher. De la même manière qu'il lance des vannes ou des bombes verbales d'un air détaché, Platini sait observer sans qu'on y prenne garde. Il apprend en toute circonstance. C'est une de ses grandes forces : il se forme lui-même en permanence.

Il ne sait pas, bien sûr, en 1984, qu'il sera co-président du comité d'organisation de la Coupe du monde 1998, mais je suis certain qu'il n'a pas survolé l'Euro 1984 sans engranger pas mal d'idées qu'il allait mettre en pratique plus tard.

C'est d'abord comme sélectionneur qu'il a endossé pour la première fois l'habit de dirigeant. Toujours en survêtement, mais plus en short et en crampons.

Lorsqu'il a fallu succéder à Henri Michel, écrasé, le pauvre, par un match nul piteux à Chypre (1-1, le 22 octobre 1988), le nom de Platini a été habilement avancé par certains confrères, notamment Jacques Vendroux, de France Inter, et ses amis du Variétés Club de France. Platini à la tête de l'équipe de France, ça avait de la gueule ! Mais Jacques et ses amis avaient tout de même dû s'employer à la fois pour convaincre Platini et pour imposer ce jeune sélectionneur à des dirigeants peu enclins à prendre des risques. Je dois dire qu'à cette époque le VCF avait pas mal d'influence.

Je suis membre indéfectible du Variétés Club de France. Depuis une trentaine d'années, je paye ma cotisation rubis sur l'ongle tant je sais que Jacques Vendroux, son manager général, est intraitable sur cet aspect des choses. Les retardataires sont impitoyablement radiés par Pierre Ville, le trésorier du club.

Il m'est arrivé il y a longtemps de donner des coups de main pour quelques matchs de charité, mais je ne suis pas actif. Je dois reconnaître que Vendroux possède un remarquable sens de l'organisation et qu'il est capable de monter des rencontres et des tournées incroyables pour son club. Il adore ça et il excelle dans ce rôle. Après le tremblement de terre en Haïti, il a aussitôt mis sur pied un match pour recueillir des fonds afin de venir en aide aux sinistrés.

En bientôt quarante années d'existence, le Variétés a organisé près de deux mille matchs de bienfaisance et a parcouru toute la surface du globe. Une performance.

Il circule beaucoup de fantasmes et de légendes sur le Variétés, et son influence, indéniable, au moment du choix de Platini, n'a fait que renforcer cette tendance. Le Variétés serait cette sorte de franc-maçonnerie du foot qui ferait et déferait les sélectionneurs, les présidents de la Fédé… Vendroux s'en défend et ne cesse de répéter qu'il ne fait qu'animer une bande de joyeux fêtards. Mais qu'on le veuille ou non, un club, même informel, qui rassemble dans ses rangs Michel Platini, Alain Giresse, Patrick Proisy (ancien président de Strasbourg et d'IMG France), Laurent Blanc, Didier Deschamps, Pierre Blayau (ancien président du Stade Rennais puis du PSG et patron de Geodis) ou encore Louis Nicollin pèse un certain poids.

J'estime pour ma part que le Variétés Club de France est un groupe d'influence qui n'a d'influence que celle qu'on veut bien lui donner. Mais il en avait quand même, la preuve…

C'est dans une chambre de cet hôtel de Nicosie, estival jusqu'en automne, ce 22 octobre 1988, que l'exécution d'Henri Michel a été décidée.

Il est 2 heures du matin lorsque le président de la Fédération de l'époque, Fournet-Fayard, appelle Jacques Vendroux : « Ça ne peut plus durer ! Tu te rends compte !? Faire match nul avec Chypre… J'en ai marre. Essaie avec tes amis de convaincre Platini de prendre en main les Bleus ! »

Fournet, plus courageux que jamais, n'osait pas en parler à Henri Michel dont il craignait la réaction.

Dès son arrivée à Paris, Vendroux peut joindre Platini qui est réticent. « Sadoul [le président de la Ligue de l'époque] et Claude Bez vont t'appeler. Bez va donner l'ordre à Battiston et Tigana de revenir en équipe de France. »

Il suffit de quelques heures pour que l'affaire soit réglée.

Pour le reste, le Variétés n'est rien d'autre qu'une sympathique colonie de vacances pour adultes. C'est ce qui unit d'ailleurs le plus sûrement tous ces gamins de plusieurs fois vingt ans aux personnalités toutes très différentes, aux opinions et aux amitiés diverses. La preuve, lorsque je croise un membre du Variétés, notre sujet de conversation porte sur les trente ans du club à l'hôtel Mamounia de Marrakech, un long week-end de fête et de *farniente* entre amis…

Platini sélectionneur, ce n'était pas la meilleure période de l'équipe de France. Il l'a reconnu par la suite : il ne disposait pas de joueurs d'un talent exceptionnel. A part son duo d'attaque, Jean-Pierre Papin-Eric Cantona. Il a donc composé une équipe sans génie, solide derrière, qui misait sur ses deux attaquants (et également, durant toute la campagne des éliminatoires pour l'Euro 1992, sur Pascal Vahirua, vingt-deux sélections et un but entre 1990 et 1994) pour faire la différence.

Il avait su apprendre d'Hidalgo mais n'avait pas, comme son ancien sélectionneur, un joueur de la classe de ceux du carré magique (Tigana, Platini, Giresse, Fernandez) sur lesquels s'appuyer. Il a bien tenté de faire revenir Luis Fernandez pour l'Euro 1992, alors que Luis était bientôt entraîneur-joueur de Cannes. Dans l'esprit de Michel, Fernandez devait apporter son expérience, jouer un rôle de grand frère, encadrer le groupe. Il lui avait donné le numéro 10, celui qui avait rendu Michel si célèbre du temps où il le portait. En Suède, Luis ne fera que des bouts de match. Et dans l'avion du retour, alors que la France venait d'être éliminée au premier tour après deux matchs nuls et une défaite (1-1 contre la Suède ; 0-0 contre l'Angleterre ; 1-2 face au Danemark, futur vainqueur), Michel rendra les armes en taillant gentiment certains joueurs à qui il avait fait confiance.

« Que veux-tu que nous fassions avec cette équipe ? me dit Michel. Au football, il n'y a pas que le muscle qui compte. Il faut un peu de technique. Tu en as vu, toi ? »

Cette expérience a vacciné Michel Platini contre le virus de l'entraînement. Il avait fallu qu'il se fasse violence pour accepter la proposition de devenir le coach des Bleus. Durant ces mois passés à la tête de l'équipe, il s'était beaucoup appuyé sur le travail de son adjoint, Gérard Houllier, qui allait lui succéder à l'été 1992, mais il avait pris peu de plaisir à gérer des joueurs.

Je pense pour ma part qu'il n'était pas encore tout à fait sorti de son moule de joueur de foot.

Platini a toujours vécu dans cette ambivalence, se fermant dès qu'un micro inconnu se tendait et supportant mal de ne pas être le héros de la fête. Son passage à la tête de l'équipe de France est sans doute survenu à un moment où il s'imaginait encore un peu à la place de ceux qu'il choisissait pour disputer les matchs. Et quand un Jean-Pierre Papin, star de l'OM, ou un Eric Cantona, roi d'Angleterre, se piquait de venir lui voler la vedette, Platini ne pouvait pas s'empêcher de faire un peu la tête et de lâcher à mi-voix : « Des stars, oui, mais qu'ont-ils gagné, en équipe de France ? »

Sous-entendu : le vrai champion, c'était lui.

Pendant deux ans, Platini a ensuite pris le temps d'accepter cette transition. Et lorsque la France a obtenu, en 1994, l'organisation de la Coupe du monde de football, il a été logiquement propulsé à la tête de l'organisation en compagnie de Fernand Sastre. Michel avait un immense respect pour celui qui avait obtenu, en tant que président de la FFF, l'organisation de l'Euro 1984.

Au côté de Sastre, il a travaillé beaucoup plus qu'on ne croit. Il a appris, il s'est enrichi professionnellement. Il n'a pas été qu'un porte-drapeau. La disparition de Fernand Sastre juste avant le début de la compétition l'a profondément affecté. Et je peux jurer que la chaise laissée vide en hommage à ce grand dirigeant du foot français, juste à côté de celle de Michel, lors du match d'ouverture, n'était pas qu'un geste de circonstance. Platini est quelqu'un de très pudique et il ne cède pas souvent à l'émotion. Mais, ce jour-là, son profond chagrin d'avoir perdu l'homme sans qui la France n'aurait pas pu si bien organiser le Mondial était visible.

Nul doute que l'influence de Sastre a été déterminante dans la décision de Michel de se lancer dans la course à la présidence de l'UEFA. Là encore, malgré les apparences, son engagement n'a pas été feint. Michel s'est impliqué. Il est allé à la rencontre de toutes les petites fédérations pour faire passer son message. Il a travaillé sa communication pour transmettre des idées qui lui étaient chères. Bref, il s'est investi comme jamais. Il a appris l'anglais, a travaillé ses discours, a retenu tous les noms et les parcours de ses interlocuteurs. Il a incarné le renouvellement alors que Lennart Johansson, le président en place, passait pour le tenant du maintien de l'ordre établi.

Il faut bien comprendre que la victoire, nette, de Platini à ces élections européennes en 2007 est une performance. Jamais auparavant un président en place n'avait été battu alors qu'il se représentait. Jusqu'alors, la prime au sortant, soutenu de surcroît par des personnalités comme Franz Beckenbauer, avait toujours fonctionné. A ce sujet, Platini fait parfois référence à un dessin de Bernard Chenez dans *L'Equipe* qui le montre seul dans une barque à l'assaut de la forteresse UEFA tenue par Johansson. Chenez fait dire à Platini : « Rends-toi, Lennart, tu es cerné ! » Platini adore ce dessin.

Une fois élu, Michel Platini est allé au bout de ses idées et il a mis en pratique au niveau européen tout ce qui a fait la force du football français.

Le football fait alors l'objet d'un vaste mouvement de privatisation dans son organisation : les Ligues sont de plus en plus professionnelles et coupées des fédérations. Le modèle perpétuellement montré en exemple est celui de la Premier League anglaise. Platini a pris le chemin opposé. Il a misé sur le football d'en bas, le football pour tous. La Premier League ou la Liga espagnole rassemblent des talents venus du monde entier. Il est conscient que les conditions doivent être réunies pour qu'ils puissent éclore, quel que soit l'endroit où ils sont nés. Pour que Drogba ou Cristiano Ronaldo fassent le bonheur de Chelsea ou du Real Madrid, il faut que Le Mans ou le Sporting Portugal aient eu la possibilité de les former et de les faire jouer.

Platini s'est inspiré du travail de Fernand Sastre dont le rapport en 1981 auprès de Roger Bambuck, ministre des Sports, avait permis de rendre obligatoires les centres de formation dans les clubs professionnels et avait fait entrer toutes les familles du foot (joueurs, arbitres, médecins, etc.) au sein des instances dirigeantes. Il a en particulier associé les joueurs aux grandes décisions de l'UEFA en encourageant la création d'un syndicat européen des joueurs et en l'intégrant dans les différentes commissions de l'UEFA. Face au lobby des grands clubs, il n'a pas pu aller jusqu'au bout de son idée de rétablir l'élimination directe pour la Coupe des champions, mais il n'en a pas tout à fait abandonné l'idée.

Le seul point sur lequel je trouve que Platini devrait évoluer un peu, c'est sur l'arbitrage vidéo. Il reste catégoriquement contre. Mais même sans croire que la vidéo résoudra tous les problèmes sans en créer de nouveaux, il me semble que son application mesurée permettrait de résoudre une partie des erreurs d'arbitrage les plus flagrantes.

Pour l'avoir vu débuter, je garderai toujours en mémoire l'image de ce joueur d'exception que fut Michel Platini. Mais je dois avouer que tout ce qu'il a accompli depuis qu'il a raccroché les crampons m'épate. Et puis, même en costume, Platini est resté fidèle à ses amitiés anciennes. Lorsqu'il me voit, on s'embrasse toujours comme du bon pain. Il continue de lancer ses vannes, drôles, jamais méchantes.

5

Les dinosaures

J'aimerais rendre hommage à quelques monuments du foot français, dirigeants ou entraîneurs. Parce qu'à leur façon, à force de travail, d'investissement personnel et de passion, ils ont donné un visage plus humain au football. Leurs « petits » clubs ont connu les grandes heures de la Coupe d'Europe ; ils ont écrit une histoire anachronique au moment où le business sportif dictait ses lois partout en Europe et où les millions d'euros – ou de dollars – venaient garnir les portefeuilles des joueurs et des agents. Ils ont en commun d'avoir réussi le tour de force d'implanter durablement le football dans leur ville alors que c'était loin d'être gagné d'avance.

Metz, vice-champion de France en 1998 ; Auxerre qui réalise le doublé Coupe-Championnat en 1996 ; Montpellier, leader du Championnat en octobre 2009... Qui aurait cru cela possible dans une décennie durant laquelle le cabinet de conseil Deloitte & Touche nous a asséné chaque année ses vérités sur la compétitivité du football français et sur le modèle incontournable du football anglais.

Je suis sans doute vieux jeu, un indécrottable franchouillard, mais je me sens quand même plus à l'aise dans un foot français qui compte encore dans ses rangs des dinosaures de l'espèce des Molinari, Nicollin, Roux, plutôt que des Abramovitch ou des milliardaires américains...

Il y a plus de chair, au propre comme au figuré, autour de ces gars-là que sur le ventre de bien des énarques venus investir le foot français ces dernières années. Alors que pas un haut diplômé n'aurait eu l'idée de faire carrière dans le football jusqu'aux années 1990, le mouvement a, de façon très surprenante, coïncidé avec l'explosion des droits télé. Le foot est devenu une affaire financière et médiatique. Tapie, suivant l'exemple de Marcel Leclerc, a montré que devenir président de club pouvait servir de tremplin vers un destin national. Et ils sont nombreux à avoir voulu tirer quelque profit du football. Je ne conteste pas leur amour du ballon, leur intérêt personnel pour le foot, mais il est clair que la cohorte d'énarques qui a débarqué en L1 depuis 1995 n'y est pas allée seulement par passion. On compte par exemple Jacques Lambert (promotion 1974), un ancien préfet, devenu directeur de France 98 puis directeur général de la Fédération française de foot, et Jean-Louis Valentin (1980), directeur général délégué. Il y a bien sûr Frédéric Thiriez (1977), le moustachu et très affable président de la LFP, ainsi que son trésorier Jean-Pierre Denis (1986). Bon, ceux-là, après tout, administrent de grandes associations. Et plutôt bien.

Mais je m'interroge sur ces passions soudaines qui mènent aujourd'hui à une surreprésentation des énarques dans le football français. Franchement, même amateur de foot, qu'a fait Pierre Blayau à la présidence du Stade Rennais puis du PSG ? Ou encore Laurent Perpère (1981) au PSG ? Pourquoi s'en aller diriger une PME spécialisée dans le spectacle vivant de quelques dizaines de salariés quand leur parcours les destine à des postes bien plus sérieux ? Saviez-vous que Walter Butler (promo 1983) fut actionnaire minoritaire du PSG ? Qu'ont-ils à gagner dans le foot ?

Essentiellement de la notoriété pour ces surdiplômés à l'ambition affirmée. Le grand public ne connaissait pas Alexandre Bompard, fils d'un ancien président de l'AS Saint-Etienne, du temps où il préparait la réforme des retraites au cabinet de François Fillon. Parvenu à la direction des sports de Canal +, il est soudain entré dans la lumière médiatique

Désormais, lancer qu'on est fana de foot au cours d'un dîner mondain ne vous fait plus passer pour un plouc mais peut, au contraire, vous ouvrir des portes qui vont accélérer votre carrière.

Pour ce qui me concerne, je ne crains pas la compagnie des foldingues, avec ou sans diplôme, qui n'ont pas peur de salir leurs souliers vernis dans la boue d'un stade, le long d'une main courante.

Je crois que Guy Roux, Louis Nicollin, Carlo Molinari et même Jean-Michel Aulas, quitte à en surprendre quelques-uns, sont de ceux-là...

Ce qui m'amuse beaucoup avec Guy, c'est qu'il soigne sa réputation. Il aime se présenter lui-même comme la caricature de sa marionnette des « Guignols de l'info ».

Ainsi, pendant l'Euro 1992, en Suède, il s'est baigné dans la mer du Nord alors que nous supportions aisément un petit pull pour sortir en pleine journée. C'était le côté Léo Lagrange de Guy Roux, façon campagne. Il se baigne dans l'Yonne en plein hiver.

Ça, c'est le folklore. Le décorum que Guy Roux impose à quiconque veut l'approcher. Quand il recevait un journaliste dans son minuscule bureau sous une tribune du stade Abbé-Deschamps, la première image qui sautait aux yeux, c'était sa vieille carte de France, Vidal-Lablache, toute jaunie. C'était pour lui une manière de mettre son interlocuteur dans l'ambiance : « Voilà, c'est comme ça, moi, je suis vieille France. »

Et pourtant, ce provincial viscéralement attaché à sa ville et à sa région mettait un point d'honneur à damer le pion aux élites parisiennes. Schématiquement, sa stratégie, c'est de la jouer rustaud pour finalement ne pas l'être, au contraire. Sauf dans l'art de mettre des pull-overs sous ses costumes.

C'est sans doute pour cela qu'il s'est intéressé de près aux médias et à la façon dont ils fonctionnaient. Il est fier d'avoir compris comment se pratiquait le journalisme radio et d'y avoir excellé. Je sais qu'il aime jouer les hommes-sandwichs pour telle ou telle marque qui exploite son image de paysan près de ses sous qui garde les pieds sur terre.

Comme toujours quand il s'agit de caricature, les traits de caractère sont grossis mais comportent un peu de vérité.

Bien que Guy se défende en permanence d'être radin, j'ai pu constater qu'il tenait à cette réputation. Les exemples sont légion. Il paye rarement son verre ou son casse-croûte, comme il dit. Ainsi je me souviens que, pendant l'Euro 1992 en Suède, à Göteborg, il n'arrêtait pas de m'emprunter le téléphone portable, rarissime à l'époque, qu'Europe 1 avait mis à ma disposition durant le temps de la compétition pour finaliser le transfert du défenseur néerlandais Frank Verlaat, qui jouait à l'époque à Lausanne Sport en Suisse. Je n'ai jamais râlé ni posé trop de questions, parce que Guy restait alors très évasif sur les appels qu'il passait, mais je n'ai pu m'empêcher de penser que, pendant presque trois semaines, il a téléphoné à l'étranger à un prix de la minute qui, de ce temps-là, devait être exorbitant.

Pour le job, au cours de ma longue relation professionnelle avec Guy Roux, nous avions établi une sorte de règle tacite qui nous permettait de respecter la déontologie de nos métiers respectifs. D'une façon générale, Guy restait très discret sur tout ce qui avait trait à son club. Mais dès qu'il entendait parler d'une info à propos d'une autre équipe, il m'en faisait profiter. De cette façon, il préservait les intérêts de son club et de la station qui l'employait. Pour ma part, je savais que pour ce qui concernait Auxerre, je n'étais pas plus privilégié qu'un autre.

Une seule fois, Guy Roux est tombé sur plus rusé que lui. Il m'avait mis dans le coup en 2000 pour écrire un livre sur sa vie, une nouvelle biographie pour le compte d'un éditeur belge et, il faut bien le dire, nous nous sommes faits couillonner en beauté par un nommé Caroin, le beau-frère de l'éditeur-imprimeur. Non seulement les chèques qu'on nous a versés étaient en bois, mais en plus le bandit de grand chemin qui nous a embarqués dans cette affaire sur la foi du témoignage d'Enzo Scifo, l'ancien joueur d'Auxerre, a réussi à m'extorquer trois mille cinq cents francs en me faisant croire qu'il s'était fait voler ses affaires à Marseille en venant nous rencontrer. Bon, voilà, à malin, malin et demi. Guy et moi avons travaillé pour rien, le livre a finalement été publié dans l'anonymat. Un fiasco sur toute la ligne !

— As-tu des nouvelles de Caroin ? m'interroge Guy un matin au téléphone.

— Non, pas plus que du livre.

— Eh bien, je vais t'en donner. Il était en prison à Bruxelles il y a seulement trois jours. Ils l'ont arrêté dans le Thalis. Sa femme, qui est la sœur de l'imprimeur du livre, a réussi à le faire sortir. Attendez-moi, je vais chercher des cigarettes, leur a-t-il dit.

On ne l'a plus revu !

Durant toutes les années pendant lesquelles il a entraîné Auxerre, Guy Roux a soufflé le show et le froid en permanence sur ce qui était devenu son royaume. L'Abbé-Deschamps était son château, et il en protégeait l'accès, tel un preux chevalier en survêtement. Il fallait en effet avoir l'heur de lui plaire pour travailler avec ses joueurs. Quiconque commettait un impair, critiquait trop vertement le club, l'un de ses joueurs ou sa tactique, était aussitôt sanctionné : interdiction d'entraînement. En clair, il fermait l'accès aux séances d'entraînement aux journalistes félons. Bon nombre d'entre nous y sont passés. La durée de l'interdiction avec cette sorte de carton jaune variait selon les cas. C'était chaque fois Guy qui fixait, de façon absolument discrétionnaire, la durée de la peine. Tout le monde en riait et son attitude n'a jamais donné lieu à de lourds conflits entre le club et la presse, comme il pouvait y en avoir eu du temps de Tapie à l'OM ou des grandes périodes de crise au PSG. Là, bien entendu, les journalistes devenaient les boucs émissaires de tous les ennuis du club. Même quand il ne plaisantait pas, Guy n'allait jamais trop loin et respectait, au fond, le champ d'intervention de chacun. Il aimait pouvoir contrôler le maximum de choses mais n'était pas prêt à tout pour cela.

C'est d'ailleurs l'un des côtés les plus attachants de Guy : on ne sait jamais tout à fait dans quelle mesure il plaisante, se moque de tout le monde, y compris de lui-même.

C'est ainsi qu'il menait une sorte de guérilla urbaine avec Jean-Pierre Soisson, alors maire d'Auxerre. Il adorait l'emmerder et ne se privait jamais de faire du raffut dans les journaux. Une fois, il est même allé jusqu'à faire croire qu'il allait se présenter aux élections municipales. Ça prenait parfois des allures de Clochemerle. Par exemple, la ville d'Auxerre avait fait installer un plot avec des fleurs à l'entrée de sa rue et ça le gênait pour pouvoir manœuvrer sa voiture. Il avait alerté le monde entier sur ce scandale. Jusqu'à obtenir gain de cause. Car mon Guy Roux est aussi opiniâtre qu'il est fidèle en amitié.

Et puis il y a le Guy Roux grand enfant, que le ridicule ne tue jamais, sans doute le trait de sa personnalité le plus authentique. Ainsi ai-je failli perdre patience à cause de lui, le soir de la finale de la Coupe du monde 1998, au Stade de France. Après le match, nous réalisions une émission exceptionnelle au Pavillon Dauphine. Il fallait faire fissa pour rejoindre la Porte Dauphine depuis le Stade de France, mais nous avons perdu une grosse demi-heure parce que Guy ne se souvenait plus de l'endroit où il avait garé sa vieille guimbarde. Il a fallu qu'un type de l'organisation promène Guy perché sur un petit véhicule électrique à travers tous les parkings du Stade de France pour qu'il retrouve sa bagnole. Imaginez un peu la scène !

J'ai de l'affection pour cet homme qui m'a fait découvrir le chablis. Il m'a emmené visiter des caves formidables et j'ai passé pas mal de soirées à dîner joyeusement en sa compagnie au Maxime, où se trouvaient aussi les arbitres, ou au Barnabé...

C'est Guy, encore, qui m'a présenté le grand chef Bernard Loiseau, qui tenait son restaurant à Saulieu.

J'y avais fait un déjeuner exceptionnel en compagnie de Gérard Delorme, le patron de *L'Yonne républicaine.*

Aujourd'hui, Guy est toujours très sympa avec moi. Installé comme consultant vedette sur Canal +, il ne perd jamais une occasion de rappeler que je lui ai appris le métier. En réalité, je n'ai fait que lui montrer comment, en radio, pour être pertinent, il faut ne développer qu'une seule idée sur une seule minute. Malin comme il est, il a tout de suite compris. Son habileté et son intelligence ont fait le reste.

La fin de carrière de Guy Roux a été indéniablement manquée et ça m'a fait de la peine. A Lens, il a échoué, il faut le dire. Il avait repris du service en 2007 à la demande du président Gervais Martel et s'est vite rendu compte que son message ne passait pas et qu'il s'était planté dans le recrutement. Honnête, Guy en a tiré lui-même les conclusions et il a démissionné avant l'automne.

Et puis, fin 2009, alors qu'il se présentait au conseil d'administration de l'AJA, il n'a pas été élu. Les vieux barbons de l'AJA lui ont interdit l'accès à la gestion du club. C'est un peu fort de café car personne n'incarnera jamais plus et jamais mieux l'AJA que Guy Roux.

J'ai également une vraie tendresse pour Carlo Molinari, président du FC Metz pendant trente ans, où il succédait à son propre père.

Lorsque j'étais en Moselle, Carlo m'emmenait toujours dans un restaurant italien nommé Le Bon Samaritain. A la fin de la saison 1998, après Metz-OM, il me conseille de m'y rendre, tout en me faisant savoir qu'il ne dînera pas avec moi mais avec des convives dont les noms pourraient m'intéresser. Je sens qu'il peut se passer quelque chose et j'y vais en compagnie de Claude Bellei, alors rédacteur en chef à Europe 1.

Le patron du restaurant, qui me connaissait, nous installe à une table proche de celle de Carlo Molinari, assis en compagnie de Patrick Razurel, son directeur financier, et de… Robert Louis-Dreyfus, le président de l'OM. La grande affaire, à l'époque, c'était le départ annoncé de Robert Pirès, l'enfant prodigue du FC Metz. Pirès hésitait entre deux clubs : Arsenal et l'OM. A la fin du repas, je m'arrange pour échanger quelques mots discrets avec Carlo :

— Alors, c'est fait ? Il va à l'OM ?

— C'est pratiquement finalisé. Tu peux l'annoncer.

Je crois que j'ai été le premier à donner l'info et je le dois à ce vieil ami. D'origine italienne, comme moi, Carlo sait ce que partager la *pasta* représente…

Je suis lié à Louis Nicollin, ne serait-ce que par nos origines géographiques. Bien qu'il soit natif de Lyon, sa région, c'est l'Hérault. Je viens du Gard, de Nîmes. Nous sommes pays. Et surtout j'ai très bien connu celui qui est devenu l'homme de confiance de Louis Nicollin dans le football : Michel Mézy. Dans notre jargon, Michel est un *graulen*, c'est-à-dire qu'il vient du Grau-du-Roi, la plage de Nîmes, de la même façon que la Grande-Motte est celle de Montpellier.

Michel, je l'ai rencontré quand il était junior au Nîmes Olympique. Il m'avait donné un coup de main lorsque j'organisais des concerts[1]. Son père Germain tenait un bar près des arènes du Grau-du-Roi où je montais certains de mes galas. Il me donnait souvent un coup de main.

C'est ainsi que, sur les conseils du père Mézy, j'ai annulé un concert de Jacques Brel prévu début

1. A lire dans *Je refais le match*, Plon, 2005.

septembre. « Ne fais pas ça, Eugène, début septembre, les estivants seront partis. Et tu sais très bien qu'il pleut toujours au Grau en septembre. »

Germain Mézy a tellement insisté que j'ai appelé Charley Marouani pour annuler la venue de Jacques Brel.

En fait, le soir prévu de la venue de Brel, il a fait beau. Je l'ai su trente ans plus tard grâce aux relevés de Météo France. Mais bon, pas de quoi en tenir rigueur à Michel ni à son père.

Par la suite, j'ai couvé Michel et tous les bons jeunes de Nîmes, comme Novi, qui faisaient partie de la première équipe de France junior de Georges Boulogne et qui l'ont suivi lorsqu'il est devenu sélectionneur des Bleus. A l'époque, l'équipe de France ne tournait pas bien. Et moi, j'écrivais ce que je devais écrire. A tel point que, un jour, Boulogne me convoqua dans sa chambre d'hôtel pendant un stage des Bleus à Saint-Malo :

— Saccomano, je sais que vous êtes contre l'équipe de France.

— Pas du tout, je constate les difficultés actuelles, c'est tout.

— Ecoutez, dans la vie comme dans le football, soit on est pour, soit on est contre.

J'ai souvent entendu de tels propos au cours de ma carrière. Boulogne, qui ne savait pas taper dans un ballon, était malgré tout un bon théoricien, un formateur génial, un entraîneur qui a transmis sa passion à des dizaines de joueurs et de techniciens qui sont devenus à leur tour des hommes de banc. C'est sous son impulsion, relayée au niveau politique par Fernand Sastre et Roger Bambuck, que la France s'est dotée de son système de formation qui a fait école et a été érigé en modèle dans le monde entier. Mais je dois reconnaître que, en tant que sélectionneur, Boulogne n'était sans doute pas à sa place. Ce qui l'a conduit à tenir des propos inadéquats dans la bouche d'un homme aussi intelligent et à faire virer Thierry Roland et le regretté Bernard Père d'un car de journalistes en Bulgarie.

Après sa carrière de joueur, Mézy est devenu l'entraîneur de Montpellier. J'ai ainsi connu grâce à lui quelques futurs membres de l'équipe de France, comme Eric Cantona ou Stéphane Paille. Je me rappelle même qu'il me présentait d'une drôle de façon à ses joueurs. Il avait ainsi lancé au jeune Laurent Blanc : « Hé, Lolo, sois gentil avec M. Saccomano. Sans lui, tu ne seras jamais sélectionné en équipe de France. »

Blanc avait baissé les yeux sans savoir quoi répondre, ni si Mézy plaisantait ou pas.

C'est donc par l'intermédiaire de Michel Mézy que j'ai connu Louis Nicollin. Avec un tel tampon sur mon passeport (même si Loulou et Michel n'ont cessé de se brouiller et de se rabibocher), je ne pouvais qu'être bien accueilli. J'ai ainsi été invité à Castelnau-le-Lez, dans la première maison de Louis Nicollin où il avait réservé, déjà, un espace à sa fameuse collection de maillots et de souvenirs de l'équipe de France. Elle se trouve aujourd'hui dans sa manade du Mas Gabriel, où il reçoit périodiquement les hommes politiques de la région auxquels il propose ses services de traitement des déchets, ou bien les journalistes qu'il régale comme à la parade.

Alors, évidemment, il ne se passe pas une année sans que Louis Nicollin fasse la une des journaux sportifs – entre autres – pour avoir tenu des propos outranciers ou homophobes. Je ne le soutiendrai jamais jusque dans ces débordements que je réprouve. Mais je connais assez Nicollin pour dire qu'il ne faut pas s'arrêter à cette facette du personnage. Loulou ne s'est jamais embarrassé de beaucoup de manières et on ne peut pas dire qu'il s'arrange en vieillissant. Au contraire, il balaye d'un revers de phrase à l'emporte-pièce tout ce qui l'agace ou qu'il ne comprend pas. C'est un impatient, au sens propre du terme. Quelqu'un qui ne subit pas. Il n'a pas eu l'habitude de se laisser faire dans le business. Qu'il s'agisse du traitement des déchets ou des autres sociétés qu'il a lancées, comme sa ligne de tissus du Sud Souleiado, une boîte qu'il a rachetée en 1997 puis en a apuré la dette et dont il n'a pu empêcher le déclin. Il l'a cédée en avril 2009. Ça a été un déchirement pour lui et son épouse Colette qui en était le P-DG. Il lui a fallu licencier la moitié du personnel, mais je sais que les salaires ont tous été versés en temps et en heure et que des reclassements ont été proposés dans le groupe Nicollin.

De la même façon, au football notamment, Loulou vit particulièrement mal les périodes pendant lesquelles son équipe ne tourne pas rond. Dans ces cas-là, il n'a souvent pas eu d'autre choix que de virer l'entraîneur, une méthode qui a rarement fait ses preuves, sinon pour envoyer un message aux supporters. Il a suffisamment investi d'argent en pure perte dans son club pour exiger des résultats. Michel Mézy en a fait les frais en son temps, écarté de la gestion de l'équipe sans même être licencié. Et bien d'autres depuis plus de trente ans que Nicollin se passionne pour sa Paillade…

Au fond, il ne demande pas la lune pour son club. Non : quelques saisons en L1, un beau parcours en coupe de France de temps en temps, des matchs dignes et des joueurs qui font honneur à un maillot qu'il s'obstine à financer.

Nicollin est un homme de droite qui le revendique, mais il vote pour Georges Frêche, le président ex-PS de la région et de la communauté de communes de l'agglomération montpelliéraine, et compte parmi ses vrais amis plusieurs élus communistes. Cela s'explique. Parce que si Loulou est un type aux débordements outranciers, c'est surtout quelqu'un de généreux. C'est un mec bien qui aime les gens. C'est un affectif, un homme sensible qui s'est construit un personnage truculent, mais sa gentillesse n'est pas feinte. C'est un homme fidèle qui, grâce à ça, a réussi un truc énorme : installer le football professionnel à Montpellier. Car il faut bien savoir que, à proprement parler, Montpellier n'est pas une ville de football. Dans la région, historiquement, le football, c'était à Nîmes qu'il se jouait sérieusement. A Montpellier, il n'y avait que le SOM, dirigé par le chanoine Bessède.

Lorsque Louis Nicollin a fondé la Paillade, il a récupéré le numéro d'affiliation du SOM et a bâti ce qu'on connaît. Un club pro, d'abord, qui est monté en L2. Puis a connu la L1, une victoire en Coupe de France en 1990 et même la Coupe d'Europe (1988-1989 ; 1990-1991 ; 1996-1997 ; 1999-2000). Les déplacements au Portugal ou dans des villes de l'est de l'Europe (Bucarest et Belgrade) sont restés dans les mémoires de tous les journalistes qui les ont effectués en compagnie de Nicollin et de sa bande. Pour le président montpelliérain, c'était la fête. La Coupe d'Europe, il savait bien qu'il ne la gagnerait pas. Il n'était même pas certain de la revivre une autre année. Alors c'était open bar !

En 2009, Montpellier est remonté en Ligue 1 sous la houlette de Rolland Courbis. Un joli coup de poker de la part de Nicollin qui a tenu le monde du football en haleine jusqu'à la dernière journée de L2. Ce n'était franchement pas gagné, et toute la saison Montpellier a flirté avec les trois premières places sans jamais réussir à se détacher suffisamment pour vivre une fin de saison sereine. C'était d'autant plus difficile à vivre pour tous ceux qui connaissent bien Loulou et Rolland que nous savions que ce dernier risquait d'être incarcéré d'un jour à l'autre à la suite de sa condamnation à deux ans de prison ferme dans l'affaire des comptes de l'OM. Cela arriva finalement en septembre 2009, et, ironie du sort, c'est à l'issue du match OM-Montpellier, deux clubs dont Courbis fut l'entraîneur, qu'il a été arrêté puis mis sous écrou afin de purger un reliquat de peine de vingt et un mois de prison. Il en est sorti avec un bracelet à sa cheville.

Et René Girard lui a brillamment succédé, puisqu'on connaît l'époustouflant parcours de la jeune équipe montpelliéraine en cette saison 2009-2010.

Alors voilà, Rolland Courbis, Louis Nicollin, Carlo Molinari, Guy Roux et d'une certaine façon Bernard Tapie aussi sont des gens pour lesquels j'ai de l'affection. A leur manière, certes autoritaire, décalée, maladroite parfois, mais toujours sincère, ils ont écrit quelques belles pages du foot français. Sans eux, on n'aurait pas vu Auxerre, Montpellier, Metz ou Marseille briller en Coupe d'Europe, remporter des titres alors que rien dans l'histoire de ces clubs, sauf pour l'OM, ne le laissait présager. Tous sont des hommes sensibles, amoureux de la nature humaine et de toutes ses imperfections, prêts à en profiter quelquefois, il faut bien le reconnaître. Je les aime aussi pour cela, pour faillir et pour cette aptitude à rebondir et à aller jusqu'au bout de leur engagement.

Au titre de la longévité, il faudrait que je compte Jean-Michel Aulas, le président de l'Olympique Lyonnais, parmi les dinosaures. Ce qu'il a accompli pour son club, qu'il a rejoint il y a près de trente ans, au fin fond de la L2, force le respect. Je reconnais sans hésiter ses qualités de meneur d'hommes, de chef d'entreprise, sa connaissance du football et sa patience à construire un grand club européen sur le long terme dans une région qui n'avait vibré jusqu'alors que pour les Verts de Saint-Etienne. L'ancien président de l'ASSE, Roger Rocher, était même allé jusqu'à déclarer : « En matière de football, Lyon sera toujours la banlieue de Saint-Etienne. »

Je sais, contrairement à ce que j'entends souvent, qu'il est capable de déléguer énormément de responsabilités à des hommes en lesquels il a entièrement confiance. Aulas sait ce qu'il doit à Bernard Lacombe (supervision du secteur sportif, recrutement...), Marino Faccioli (sécurité, gestion des supporters...), Olivier Blanc (communication), etc. A ce titre, il mérite sa place dans mon panthéon de dirigeants.

Comme Guy Roux ou Louis Nicollin, Jean-Michel Aulas est soupe au lait. C'est un être incroyablement susceptible. En ce sens, il est hyper attentif à tout ce que la presse peut raconter sur lui ou sur son club. Cela confine parfois à la paranoïa, tant le moindre mot est décortiqué et la moindre critique vertement vilipendée. Je comprends que ce trait de caractère agace bon nombre d'acteurs du football français.

Pour autant, Aulas sait s'entourer de partenaires qui lui font confiance. Jérôme Seydoux est de ceux-là, dont les sociétés Chargeurs et Pathé sont entrées dans le capital de l'OL en 1997. Pour connaître un peu Jérôme Seydoux, maître du domaine de Clauzonne dans le Gard et protestant nîmois, je peux affirmer que son engagement dans le football n'est en rien dû au hasard et qu'il n'est pas un « *sleeping partner* » à l'OL.

J'ai été étonné par sa connaissance de l'aspect économique du foot et de sa capacité à comprendre tous les enjeux. Il avait ainsi totalement admis que le retour de Sonny Anderson en France, en 1999, contre un transfert de cent vingt millions de francs (dix-sept millions d'euros), était une bonne affaire.

Le Brésilien avait démontré son talent à Marseille dès 1993, puis à Monaco avant de quitter la L1 pour le Barça en 1997. Et c'est grâce à l'arrivée de Pathé qui a injecté de l'argent frais dans le club qu'Aulas a pu le faire venir à Lyon. L'arrivée de Sonny Anderson a coïncidé avec le début de la domination de l'Olympique Lyonnais sur le championnat de France. Troisièmes de la L1 dès la fin de sa première saison, deuxièmes derrière le FC Nantes en 2001, l'OL et Anderson remportent ensuite les deux éditions suivantes. Sous les couleurs lyonnaises, Anderson a disputé cent dix matchs de L1 pour soixante et onze buts, ce qui a permis à Aulas de fanfaronner et de déclarer : « Cent vingt millions de francs pour Sonny, c'est une affaire. »

Et c'est vrai. A l'époque, Anderson est bien le grand attaquant qu'attendait le club pour se hisser vers les sommets. Et même si ses deux dernières années au club sont marquées par les blessures, Anderson, aujourd'hui entraîneur des attaquants, incarne l'ascension de l'OL.

Aulas a manqué la marche suivante. Ayant assis sa domination sur la scène française, il lui manquait de conquérir l'Europe. Il espérait y parvenir en recrutant Gérard Houllier au poste d'entraîneur en 2005. Il cherchait chez le technicien français, ancien DTN de 1992 à 1998, et entraîneur de Liverpool (1998-2003), vainqueur de la Coupe de l'UEFA en 2001, la compétence internationale et le savoir-faire au quotidien. Les connections de Gérard Houllier avec les dirigeants de l'UEFA, sa connaissance du football européen devaient permettre à l'OL de dépasser enfin les quarts de finale de la Ligue des champions. Las ! Houllier restera deux ans à l'OL et quittera le club, fatigué, un an avant la fin de son contrat pour s'offrir une année sabbatique avant de rejoindre une nouvelle fois la DTN en 2007.

Aulas est aussi un homme capable de s'adapter aux situations. Pendant longtemps, le centre de formation de l'OL a travaillé pour former des joueurs à destination de l'équipe première. C'est ainsi qu'on a vu briller les Maurice, Gava, Govou, Benzema ou Ben Arfa... En 2007-2008, le club lyonnais était le seul huitième-finaliste de Ligue des champions à présenter une attaque entièrement formée au club (Govou, Benzema, Ben Arfa).

Seulement, la législation européenne en matière de football ne permet plus de conserver au club les grands espoirs sans leur faire signer des contrats équivalents à ce qu'ils pourraient espérer obtenir dans d'autres clubs européens. C'est à mon sens tout à fait normal. Mais, pour le président de club qu'est Aulas, c'est lui voler son retour sur investissement après avoir consacré près de six millions d'euros par an à son centre de formation.

Nous constatons ainsi que, depuis deux ans, les jeunes de l'OL prennent de plus en plus tôt la poudre d'escampette. Dès qu'un club se profile à l'horizon, Aulas fait un peu monter les enchères et transfère son joueur, laissant aux autres le soin d'achever la formation d'un footballeur qui n'est encore qu'un espoir. Aujourd'hui, il n'y a plus guère que Govou, Clerc et

Gonalons à représenter les joueurs formés au club au sein de l'effectif lyonnais.

En échange, l'OL a vendu Benzema, Ben Arfa, Rémy, Mounier, Riou, Paillot pour un total de près de soixante millions d'euros !

En dehors du cas de Loïc Rémy, vendu huit millions et demi d'euros à Nice en 2008, au moment où l'OL décidait de garder Kader Keita, acheté dix-huit millions d'euros à Lille la saison précédente et échec retentissant (il a ensuite été revendu huit millions et demi à Galatasaray), l'OL n'a pas vraiment à se plaindre de cette politique. Au printemps 2010, Ben Arfa commençait seulement à faire la joie de l'OM. Et Benzema peinait au Real Madrid.

A la place de ses joueurs formés au club et partis chercher fortune ailleurs, l'OL s'est engagé dans une politique de recrutement onéreux : plus de soixante-douze millions d'euros dépensés en 2009-2010. C'est ainsi qu'Aly Cissokho, vingt et un ans, a été transféré du FC Porto pour quinze millions d'euros. Avec lui, Lisandro Lopez, vendu à l'OL pour vingt-quatre millions d'euros, Lucho Gonzalez à Marseille pour dix-huit millions d'euros. Le club portugais doit aimer la France. Il a encaissé cinquante-sept millions.

Le but, c'est de relancer l'OL avec Puel et une nouvelle ossature qui doit se mettre en place pour les années futures. La fin de carrière de Sonny Anderson avait marqué la fin d'une époque. Le départ de Juninho en 2009 pour le Qatar en est une autre.

Aly Cissokho est encore très jeune, inexpérimenté et perfectible. Lisandro Lopez n'a que vingt-six ans. Claude Puel, formateur dans l'âme, adore ces profils. Et Aulas, confiant dans la politique de son entraîneur, le suit. Y compris sur le marché des transferts.

Puel, c'est toute une histoire, difficile à raconter à cause de l'immense discrétion du personnage. Il garde tout pour lui. Poli, il répond aux questions en les contournant. Il faut quelques fuites pour appréhender son personnage.

Savez-vous par exemple qu'à Lille, en début de saison où l'OL perdra finalement 4 à 3, Puel se met à enguirlander Lisandro à la mi-temps alors qu'il vient de marquer trois buts. Il lui reproche ses déplacements et son inconstance dans le pressing. Je le répète : Lisandro vient de marquer trois buts !

C'est tout Puel, exigeant jusqu'au paradoxe.

Avant le match contre le Real, à Gerland, il reçoit une *bronca* comme j'en ai rarement entendu, même dans mes chères arènes de Nîmes un jour de malheur pour le *torero*. Je crois qu'il s'en fiche. Son équipe gagne, c'est l'essentiel.

Sa force, c'est peut-être l'exemplarité qu'il dégage à l'entraînement. A Bordeaux, il est rare que Laurent Blanc s'implique dans les jeux. Il laisse Gasquet diriger la manœuvre. A Lyon, lorsque Puel est arrivé, les plus anciens ont été sidérés par sa participation directe aux footings et aux petits matchs. Il n'a pas un gramme de graisse.

Et comme ses prédécesseurs à Monaco, Wenger ou Tigana, il a toujours accordé une place essentielle à la mise en place tactique de son équipe. Parfois il peut se tromper dans l'utilisation des joueurs. Laisser Delgado ou Bastos sur le banc alors qu'ils pètent le feu paraît bizarre, mais il a ses raisons qu'il ne vous dira jamais.

Pour en finir avec Aulas, j'ajouterai que, contrairement aux apparences, c'est un bon vivant. Il aime faire la fête, dans un bouchon lyonnais ou à l'autre bout du monde. Il a de l'argent, il en profite. Il aime se payer des vacances, jouer aux boules à Saint-Tropez avec l'ancien gardien de but Marcel Aubour, l'idole de sa jeunesse dans les tribunes populaires de Gerland. Il invite souvent ses amis du foot, dont un autre dinosaure fait partie : Gervais Martel, l'historique président du RC Lens.

6

Le PSG ou la révolution permanente

L'évocation des grands personnages du football me conduit immanquablement à penser à Francis Borelli, l'extravagant président du Paris Saint-Germain, décédé le 2 octobre 2007. Il fut président du PSG de 1978 à 1991, puis, un peu par dépit, de l'AS Cannes de 1992 à 1996.

Cet ancien éditeur, à la crinière blanchie sous le harnais de sa dévorante passion pour le PSG, m'a toujours été sympathique.

Les plus anciens amoureux du football se rappellent sa façon toute personnelle d'aller embrasser la pelouse du Parc des Princes. J'aime, pour ma part, à me souvenir du Francis Borelli qui hélait les joueurs dans les couloirs des vestiaires dès le mois de mars, avant ou après un match, pour leur faire une proposition de transfert. Ça donnait à peu près ça au milieu de la faune bigarrée qui se presse sous les tribunes :

— Hé ! Monsieur Battiston ! Monsieur Battiston [Borelli s'adressait toujours aux joueurs en leur donnant du monsieur] !

— Oui ?

— Surtout, vous ne signez rien sans me voir, hein ! Ne faites rien sans me voir ! OK ?

Ça ne marchait pas forcément d'ailleurs. Battiston n'est jamais venu au PSG. Mais j'adorais la truculence naïve chez Borelli. Je l'ai d'ailleurs défendu devant un autre président à la forte personnalité, Claude Bez, le mentor des Girondins de Bordeaux, qui tenait Borelli pour un nain et vénérait Lagardère, lequel avait vainement tenté d'installer un deuxième grand club à Paris, le Matra-Racing, entre 1986 et 1990.

Avec le recul, ce n'était pas la plus belle période de l'histoire du football français. Les clubs piochaient en Coupe d'Europe ; le jeu était assez dur, sans génie, mais je garde un peu de nostalgie de cette époque où le football professionnel n'était pas encore une activité cadenassée et où les présidents de clubs étaient des passionnés même s'ils n'étaient pas toujours de bons chefs d'entreprise. Les relations entre journalistes, joueurs et présidents gardaient encore un côté humain qui a quasiment disparu aujourd'hui.

Je ne crois pas que je revivrai une scène comme cette conférence de presse de Francis Borelli dans une brasserie de la rue Bergère à Paris. Borelli déplorait que la subvention de la Mairie de Paris, alors dirigée par Jacques Chirac, ne soit pas suffisante. Il se plaignait que son club ne soit pas assez considéré par les édiles locaux. J'étais alors monté sur une table et je lui avais chanté « Le mal-aimé » de Claude François. Et je lui avais dit : « En somme, Francis, tu es comme le héros de cette chanson. »

Par la suite, Borelli n'a plus jamais cessé de m'interpeller en m'appelant « le mal-aimé ».

J'avoue que j'ai reçu un coup au cœur lorsque, en 1991, le PSG a été cédé à Canal + et que la chaîne a poussé Borelli vers la sortie. Ses dirigeants (André Rousselet et Pierre Lescure) pensaient peut-être avoir mis les formes en nommant Francis président d'honneur. Mais c'est Charles Biétry qui s'est chargé de la besogne. Il a beau avoir fait porter des tonnes de fleurs à l'épouse de Borelli, il s'y est pris avec pas mal de violence. Il faut dire que Borelli ne semblait pas vouloir comprendre que son temps était échu. Il n'est de pire sourd que celui qui ne veut entendre, dit-on. En tout cas, Francis Borelli ne s'est jamais vraiment remis de cet épisode. Même devenu président de l'AS Cannes, où il a aussi connu quelques émotions, il restait parisien dans l'âme et meurtri de ce qu'il lui était arrivé.

Il a terminé sa vie le 2 octobre 2007, trop seul, rongé par la maladie qui lui bouffait la mémoire.

En 1991, le projet de Canal + pour le PSG est cohérent mais il va révéler, à mon sens, la vraie personnalité de Charles Biétry.

Je connais Charles depuis les JO de 1972. Il travaillait alors à l'AFP et s'était attribué un scoop dont je suis en réalité l'auteur. Le 5 septembre 1972, pendant les JO de Munich que je couvrais pour Europe 1, un commando palestinien avait pris en otage au petit matin la délégation israélienne, pour l'essentiel composée de lutteurs et d'haltérophiles.

C'était alors la plus grande des confusions. Mais, avec le temps et le travail des historiens bavarois, il a été à peu près établi le scénario suivant : les preneurs d'otages demandaient à être transportés vers Le Caire. Les autorités firent mine d'accepter et, à 22 h 10, deux hélicoptères amenèrent les otages et les membres du commando à la base aérienne de Fürstenfeldbruck, où un Boeing 727 les attendait. C'est là que je me suis également rendu sur les conseils de notre correspondant en Allemagne. Sans que personne le sache, des tireurs d'élite de la police nationale furent choisis pour tirer sur les preneurs d'otages. Les hélicoptères atterrirent peu après 22 h 15 et six des preneurs d'otages en sortirent. Pendant que quatre d'entre eux gardaient les pilotes en respect avec leurs armes, deux autres allèrent inspecter le jet et le trouvèrent vide. Réalisant qu'ils étaient tombés dans un piège, ils retournèrent en courant vers les hélicoptères, mais les autorités allemandes donnèrent l'ordre aux tireurs d'élite d'ouvrir le feu. J'ai pu enregistrer ces échanges de coups de feu et les diffuser sur l'antenne de ma radio près de trois heures avant que la première dépêche alarmiste soit publiée par l'AFP.

Des véhicules blindés arrivèrent finalement vers minuit, lançant des grenades et provoquant l'incendie d'un hélicoptère et un véritable carnage.

J'ai assisté à cette explosion, posté à quelques centaines de mètres. J'ai tout raconté sur l'antenne alors que, à minuit, l'AFP annonçait que tous les otages étaient sains et saufs !

La dépêche rapportant enfin les faits, signée Charles Biétry, est tombée à 1 heure du matin. Mais, allez savoir pourquoi, depuis plus de trente ans, Charles s'attribue la paternité de ce scoop.

En ce qui me concerne, raconter cette querelle de journalistes m'a souvent paru lamentable compte tenu des circonstances dramatiques de l'événement. Je le reconnais bien volontiers. Un jeune confrère me l'a fait remarquer un jour. Et il avait raison. Chaque fois, je veux simplement faire apparaître l'imposture dont s'est rendu coupable le personnage en question.

Je me promets de ne plus jamais en parler publiquement.

La rancune de Biétry doit être tenace puisque, trente-sept ans plus tard, à la rentrée de 2009, nommé responsable éditorial de L'Equipe TV, il prend la responsabilité de supprimer de la grille des programmes

« On refait le match », l'émission la plus regardée des chaînes sportives à son heure de diffusion.

Revenons au PSG. En 1991, Biétry est donc directeur des sports de Canal +. Un beau poste, sans doute mérité eu égard à sa rigueur professionnelle et sa capacité à réunir autour de lui les nombreux talents qui ont su faire de Canal + la chaîne du football. Bernard Brochand, alors publicitaire et actionnaire historique du PSG, se rend compte que le club risque la faillite avec un trou de cinquante millions de francs. Il décide de s'adresser à un grand groupe de médias et fait la tournée des popotes : RTL, TF1, Canal +. Pour Canal, c'est l'occasion de donner une dimension nouvelle à son produit phare qu'est le championnat de France de L1 en relançant un club populaire qui pourrait concurrencer l'OM. Les Marseillais n'ont plus d'adversaire à leur mesure sur la scène nationale. Pierre Lescure résumait alors cette stratégie en proclamant : « En devenant propriétaire d'un club, je mets de l'argent dans le spectacle que je diffuse. Donc j'améliore mon antenne. »

Biétry est un ardent supporter de cette idée. Et il envisage naturellement de devenir le président du club tout en restant directeur des sports de Canal +. Mais lorsque Lescure lui fait savoir qu'il devra choisir entre les deux, il renonce. Et pousse son ami Michel Denisot, qu'il pense contrôler, afin de garder un œil sur le club. Sauf que Denisot a fait, et bien fait, le boulot tout seul. De là est née la brouille, devenue fameuse, entre les deux hommes. On a eu alors droit à cette situation ubuesque pendant sept ans : Biétry, salarié de Canal +, n'avait pas de mots assez durs pour qualifier la gestion du PSG, dont le président était, lui aussi, un salarié de Canal +.

En 1998, épuisé par sept années éprouvantes à la tête du PSG, couronné de succès (Coupe des vainqueurs de coupe 1996, championnat de France 1994, Coupe de France 1993, 1995, 1998 et Coupe de la Ligue 1995 et 1998), mais comptable de quelques déficits et fatigué par une crise quasi permanente, éreinté par la surmédiatisation du moindre incident au PSG, Michel Denisot souhaite passer la main. Biétry, lui, brigue toujours le club. Il l'aura à l'issue de la Coupe du monde.

Comme il le confiera à plusieurs reprises, Lescure ne pouvait pas « refuser cela à Charles ». Biétry obtint donc, enfin, le joujou tant convoité. Pour sa part, Denisot récupère le poste de directeur des sports de Canal +. Les deux hommes échangent en fait leurs postes. Mais je me souviens que, dans un sourire, Denisot avait lâché qu'il faisait, lui, la bonne affaire.

Juste avant sa prise de fonctions effective au PSG, Biétry a eu à gérer la retransmission de la Coupe du monde 1998 sur Canal +. C'est d'abord une gigantesque affaire de logistique puisque, avec TF1, les équipes de Canal + vont se trouver sur tous les matchs.

En amont, Biétry a négocié avec Aimé Jacquet un accord étonnant : le sélectionneur des Bleus accepte qu'un journaliste passe le plus clair de son temps au sein même de l'équipe de France pour entendre et filmer tout ce qu'il s'y dit. Ce journaliste, c'est Stéphane Meunier. Avec François Pécheux, un ancien de Canal +, il a monté sa boîte de production, 2P2L, et propose émissions et documentaires aux chaînes de télévision. Pendant des semaines, du stage de Tignes jusqu'à la finale victorieuse, Stéphane Meunier va vivre au plus près de l'intimité des Bleus, gagnant leur confiance et obtenant en retour les images inédites qui ont fait le succès des *Yeux dans les Bleus*. D'abord méfiants, les joueurs ont laissé Meunier tourner de loin avec sa grosse caméra Betacam. Puis il change de matériel et opte pour une petite caméra numérique qui le rend plus discret, plus proche des joueurs et donnera à l'image ce grain et ce manque de couleur qui renforcera encore la sensation d'avoir pénétré dans un univers secret.

Jusqu'aux quarts de finale, Charles Biétry laisse Meunier travailler en paix. Il n'est pas convaincu que les Bleus peuvent aller au bout et, pour lui, le document n'a encore que peu d'intérêt. Il n'a d'ailleurs signé aucun contrat avec Meunier, ni même avec la Fédération française ou Aimé Jacquet. La seule exigence du sélectionneur était qu'aucune image ne soit diffusée avant la fin de la compétition. Mais à mesure que l'équipe de France fait tomber un à un les obstacles et se rapproche de la finale, Charles Biétry se rend compte qu'il tient avec le film de Meunier un énorme coup.

C'est aussi l'occasion pour lui de damer le pion à TF1, qui, c'est écrit, obtiendra une audience cinq fois supérieure à celle de Canal + le soir de la finale. Il tente alors de faire rentrer les images au siège de la chaîne pour en tirer un premier montage.

Mais Stéphane Meunier refuse. Depuis le début de son travail, il filme le jour et revient monter ses images avec son équipe la nuit, dans les locaux de sa société de production. Devant l'insistance de Biétry, qui persécute également le staff de l'équipe de France de coups de fil, Meunier prend peur et fait rapatrier les images dans un lieu qu'il tient secret.

Biétry tente alors un coup de bluff. Il veut forcer Meunier à diffuser son document et pour cela il décide d'annoncer sa diffusion dans les médias. Il envoie alors son rédacteur en chef du football, Thierry Gilardi, annoncer que Canal + va diffuser « une bombe » le jour même de la finale. J'ai même retrouvé l'article de *L'Equipe* du samedi 11 juillet, où ce pauvre Gilardi déclare : « Canal va diffuser une bombe atomique. On joue vraiment la contre-programmation par rapport à TF1 en plaçant ce film bouleversant au moment du défilé de mode d'Yves Saint-Laurent prévu à 19 h 30 au Stade de France. » Toute la France du foot attendait ça. Et puis… rien.

Meunier et Jacquet font silence radio. Canal n'aura pas les images à temps. *Les Yeux dans les Bleus* sera diffusé bien plus tard, une fois les festivités de la victoire passées.

Mais le matin même du match, alors que certains journalistes et cadreurs de Canal + se demandent encore quelle est cette bombe tant attendue, Gilardi se fait reprendre de volée par Biétry qui lui reproche publiquement d'avoir trop parlé à la presse :

— Qu'est-ce que tu es allé raconter ? lui lance Biétry. On n'avait pas d'images… Mais qu'est-ce qui t'a pris ?

— Mais c'est toi qui m'as demandé d'y aller !

C'en est trop pour le gentil Thierry qui craque : « Je ne sais même pas ce qu'il y a dans ce film. Comme d'habitude, tu as tout géré tout seul… »

S'engage alors une monumentale engueulade avec Biétry. Elle ne cessera que le soir, au moment du coup d'envoi de la finale. Par la suite, les deux hommes ne se sont plus guère fréquentés, Biétry partant au PSG, Gilardi sur TF1.

J'ai été très peiné lorsque que Thierry est mort d'une crise cardiaque, le 25 mars 2008, à quarante-neuf ans. Je l'avais connu par l'intermédiaire de Jacques Vendroux qui l'avait fait débuter à France Inter et l'avait incité à rejoindre le Variétés Club de France dont il était devenu le secrétaire général. Thierry était d'abord un bon journaliste radio qui s'était spécialisé dans la Formule 1 et qui dépannait sur le foot quand il le fallait. Je l'avais repéré et j'espérais le faire venir sur Europe 1.

Jacques a toujours eu cette intelligence de ne jamais retenir les gens contre leur gré. Avec son accord, j'ai donc contacté Thierry et je lui ai proposé un beau poste dans mon équipe, avec pas mal d'indépendance et, sans doute, un peu plus d'argent qu'à France Inter. Je crois qu'il a hésité. Il a en tout cas demandé un peu de temps pour réfléchir. Malheureusement pour Europe 1, on était en 1984 et Canal + était en train de se créer. Thierry a choisi la télé. Et en est devenu l'une des vedettes.

A Canal +, Thierry était identifié comme un proche de Charles Biétry. En 1998, lorsque celui-ci a laissé la rédaction des sports, Gilardi a progressivement quitté le devant de la scène et a commencé à s'emmerder un peu. Il a même tenté de présenter « La Matinale » de Canal +, un boulot hyper exigeant qui l'a épuisé et où son travail de journaliste n'a pas été reconnu à sa juste valeur. Il a sans doute souffert de l'étiquette « Sport ».

En France, on vous colle définitivement une pancarte dans le dos. Vous êtes un journaliste qui traite du sport, donc un âne. Même si, au départ, vous aviez envie de faire autre chose ou si vous êtes doué pour la politique, la présentation des journaux ou la culture, vous serez *ad vitam aeternam* un footeux. J'en sais quelque chose. Quand je sors un roman qui n'a rien à voir avec les matchs que je commente, les libraires me collent sur les piles « sport ». Ça été le cas pour ma fiction sur Céline, *Goncourt 32*, parue chez Flammarion, ou récemment pour *Une romance marseillaise* édité par Buchet-Chastel.

Revenons à Gilardi. TF1 l'a recruté en 2004 pour commenter les matchs de l'équipe de France après le départ à la retraite forcée de Thierry Roland. Gilardi avait alors souhaité présenter également « Téléfoot ». Il était ravi, heureux dans ses nouvelles fonctions au moment de sa disparition. Mais je sais que, au fond de lui-même, il gardait un petit regret de n'avoir pas eu le temps de s'imposer comme présentateur, à LCI par exemple.

Arrivé en juillet 1998 au PSG, Charles Biétry en partira en décembre de la même année. Cinq mois pendant lesquels il a eu le temps de commettre de nombreuses erreurs.

Il a d'abord voulu aborder le PSG comme un club de province. Son modèle, c'était le FC Nantes. Je suis provincial et je dois admettre que les deux seuls clubs qui génèrent un véritable engouement – passion ou rejet – en France, ce sont Paris et Marseille. C'est un fait. Il n'est pas possible d'assimiler le PSG au FC Nantes ou à l'AJ Auxerre. Et les joueurs parisiens, pour s'épanouir au Parc des Princes, doivent posséder une personnalité plus solide que la moyenne des joueurs de L1. Sinon, sous la pression, ils explosent. C'est ce qui s'est passé pour bon nombre de joueurs recrutés par Biétry. Les Carotti, Laspalles, que le nouveau président voyait déjà en équipe de France, Ouédec, Lachuer n'ont pas eu, loin de là, le même rendement que dans leurs clubs précédents. Avec tout de même une palme pour Loko : l'international a craqué, s'exhibant en petite tenue devant une policière après une nuit agitée.

Biétry a aussi péché par orgueil en faisant exploser le record pour un transfert avec le recrutement de Jay-Jay Okocha, le meneur de jeu nigérian, acheté cent deux millions de francs. Mais qui n'a jamais vraiment su s'adapter en France ou ailleurs. Malgré son indéniable talent balle au pied, Okocha ne savait pas jouer au ballon. Il est resté quatre ans au PSG et n'a rien gagné sous les couleurs parisiennes. Bref, le grand n'importe quoi !

Ensuite, Biétry a nommé un entraîneur qui n'était pas son premier choix comme il a eu le culot de l'avouer. En arrivant, Alain Giresse savait qu'il n'avait pas la confiance totale de son président. Celui-ci avait rêvé de Capello ou d'autres grands « misters » que le nom du PSG n'avaient pas fait fantasmer.

Quand Gigi a été viré, en septembre 1998, après une élimination en Coupe d'Europe par le Maccabi Haïfa, Biétry n'avait même pas de solution de rechange. C'est sous l'impulsion des dirigeants historiques du PSG (Brochand, Cayzac, Talar) qu'Artur Jorge, l'entraîneur champion de France avec le PSG en 1994, a été rappelé. Nouvelle sinistre erreur ! Très marqué par un accident vasculaire cérébral, Jorge était trop fatigué pour assumer pleinement de telles fonctions. Et il a fallu changer une nouvelle fois en cours de saison. C'est Philippe Bergeroo, l'adjoint de Jacquet pendant la Coupe du monde, que Giresse avait recruté, qui va hériter du poste.

Sauf qu'entre-temps c'est Biétry qui avait jeté l'éponge, en décembre 1998.

Bref, un passage météoritique comme président de club. Celui qui avait donné des leçons à tout le monde n'a pas su passer de la théorie à la pratique.

Par la suite, Charles a présenté des émissions politiques sur Canal +, est passé à France Télévisions et sur de nombreux autres médias.

Pour remplacer Biétry à la tête du PSG, Canal + a nommé fin 1998 Laurent Perpère, un sympathique énarque qui ne connaissait rien au foot mais qui a un temps profité des bons résultats obtenus par Bergeroo pour se faire un nom.

Et puis, la tentation des *sunlights* est revenue dans les crânes d'œuf de la direction de Canal +. C'est d'abord Luis Fernandez qui a succédé à Bergeroo, alors que ce dernier n'avait pas démérité, pour encadrer une équipe dont Nicolas Anelka devait être le fer de lance. Sauf que, en privé, Anelka ne se gênait pas pour débiner son nouvel entraîneur. Autour de lui, le club s'était piqué de recruter plusieurs jeunes joueurs qu'on disait pleins d'avenir et qui véhiculaient une image jeune et banlieue... Le but, c'était de rendre artificiellement le PSG populaire. Mais la meilleure façon de faire aimer un club, c'est de le faire gagner.

Des Dalmat, Luccin, Cissé, Domi, qui devaient s'imposer en équipe de France, on n'a plus entendu parler... Nouvel échec, donc.

Le gâchis s'est poursuivi alors que Paris a eu la chance de compter dans ses rangs pendant deux ans le meilleur joueur du monde. Ce n'est pas moi qui le dis mais Diego Maradona, qui avait été fasciné par le talent de Ronaldinho.

C'est Jean-Luc Lamarche, le directeur sportif du PSG, nommé en décembre 1998 à la suite du départ de Biétry, qui a réussi ce coup de maître. Il avait repéré Ronnie depuis deux ans déjà et est entré en contact avec son frère, Roberto Assis, qui jouait au FC Sion, en Suisse, et qui faisait office de chef de famille et d'agent du jeune prodige depuis la mort de leur père. Il n'a qu'une date en tête, le 15 février 2001, jour où le contrat de Ronaldinho au Gremio de Porto Alegre arrive à échéance. Grâce à ses contacts privilégiés avec la famille Assis, Lamarche réussit l'impensable : faire signer à Paris le joueur que l'Inter ou le Real veulent absolument recruter.

Il n'y a pas officiellement d'indemnité de transfert, mais, à l'aide d'un montage financier compliqué initié par une société artificielle, Sport Plus, et par Jean-Claude Darmon, le « grand argentier du football », on va verser près de quinze millions d'euros à la famille Assis. Sport Plus, qui deviendra plus tard Sport Five, sera en fait le vrai « propriétaire » du joueur.

La rencontre entre Ronaldinho et Luis Fernandez, qui n'était pour rien dans son transfert, fut un moment incroyable. Nous sommes alors en avril 2001, Luis a obtenu les pleins pouvoirs au PSG. Jean-Luc Lamarche a quitté le club cinq mois plus tôt, en même temps que Bergeroo.

La scène se passe au siège du PSG de l'époque, rue Victor-Hugo, à Boulogne. Luis Fernandez reçoit Ronaldinho, accompagné de plusieurs proches, dans son bureau et lève à peine l'œil sur lui. Et puis, pendant la conversation, il soulève le tee-shirt du Brésilien, lui agrippe les hanches et lui dit : « Super, je suis content que tu sois au PSG ! Mais il faudra me perdre ça ! », ajouta-t-il en désignant de petites poignées d'amour dues à l'inactivité.

Son départ de Gremio ayant pris du temps, Ronaldinho ne s'était pas entraîné de l'hiver…

Ronaldinho n'a pas réagi. Mais la tension est montée d'un cran dans le bureau. Les relations entre Luis Fernandez et son prodige brésilien commençaient mal.

Après cela, l'histoire commune de Luis et Ronnie au PSG ne sera qu'une suite d'incompréhensions et d'accrochages spectaculaires, l'un voulant discipliner sa star, l'autre réclamant plus de liberté pour exprimer son talent. En 2002, Ronaldinho est devenu champion du monde avec le Brésil. Sa valeur marchande a explosé et son statut hyper privilégié commence à poser de vrais problèmes à Fernandez pour gérer son groupe.

— Comment faire ? Explique-moi ! me lance Fernandez. Il emmène des mannequins, des putes à l'hôtel, en déplacement, à Lens, à Rennes...

— Juge-le sur le terrain, pas dans sa vie de patachon.

— Mais il me pourrit le groupe ! J'ai des garçons sérieux, des pères de famille qui ne comprennent pas. D'autres qui peuvent se dire : pourquoi pas moi ? Il faut un minimum de discipline tout de même...

— Laisse-le vivre sa vie. Il te marquera des buts.

— Mais c'est impossible ! Un jour, j'ai dû le mettre dans le train du retour avant même le match. C'était à Rennes, je crois, j'ai oublié...

La vie nocturne du Brésilien est connue. Il court les boîtes parisiennes. Il y revient encore maintenant qu'il est à Milan.

A Paris, il s'accorde des permissions sans en parler à Luis. Bref, ce n'est plus tenable, c'est la guerre entre les deux hommes.

En lisant *Le Monde* du 3 décembre, je me dis que c'est fini, Luis va dégager. Laurent Perpère, président du PSG, y déclare en effet : « Il me semble que, aujourd'hui, se passer des services de Fernandez serait moins préjudiciable pour l'avenir du club que de laisser partir Ronaldinho. » Ça paraît clair. Et pourtant, c'est un tout autre scénario qui va se produire...

La suite arrive. Graille me l'a confirmé, c'est bien en décembre 2002 que Michel Denisot l'a approché pour la première fois. Officiellement, c'était pour lui demander le numéro de Vahid Halilhodzic, entraîneur du Stade Rennais, mais Denisot est trop malin pour ne pas avoir pensé, alors, à offrir également à Graille le poste de président du PSG. Sauf que, à cette époque, Canal + est dans la tourmente. François Pinault, propriétaire du Stade Rennais, refuse absolument tout départ de Vahid. A Canal +, personne n'a envie de se fâcher avec Pinault. Finalement, Perpère annonce que Luis Fernandez restera jusqu'à la fin de la saison.

En février 2003, Bertrand Méheut, directeur général de la chaîne, remplace Xavier Couture à la tête de Canal +. Le mois suivant, c'est Luis Fernandez qui, devant les résultats plus que décevants de son équipe, annonce à la presse qu'il ne poursuivra pas son aventure avec le PSG. Il est aussi très clair que Ronaldinho, qui a passé ses dernières semaines à détester Fernandez, va également quitter Paris. Mais le coup de théâtre survient le 25 avril 2003.

C'est *L'Equipe* qui a sorti le scoop : « Graille remplace Perpère au PSG ». Toutes les radios en font leurs choux gras et Laurent Perpère apprend la nouvelle à 8 heures du matin dans sa salle de bains.

Laurent Perpère quittera Canal + quelque temps après. Il a des raisons d'être marri : pendant quatre ans, il s'est comporté en bon soldat de Canal + en gérant cette poudrière qu'est le PSG. On lui a imposé une politique (les jeunes des années 2000), un entraîneur (Luis Fernandez), et finalement il apprend par la radio qu'il est remercié. Dur !

Je connaissais bien Perpère, ancien patron de *La Provence* à Marseille. Excellent gestionnaire, toujours sur son trente et un, cultivé. Mais j'ai noué par la suite des relations vraiment amicales avec Francis Graille, adroit, malin, ayant réussi à Lille malgré son entourage immédiat. Grand copain de Vahid. Il l'est resté d'ailleurs, malgré ce que l'on peut raconter. Francis a été instit avant de devenir journaliste, puis de faire fortune en montant une boîte de production audiovisuelle, Visual TV, qui a notamment fourni les images des matchs de championnat sur Canal +. C'est comme ça qu'il a fait la rencontre de Michel Denisot, qui a toujours l'œil sur le PSG, même depuis qu'il n'en est plus le président.

Francis est un passionné de foot et, associé à Luc Dayan, il a racheté le LOSC en 1999. Il remonte le club, alors en L2, et le revend en 2002 à Michel Seydoux.

Quand Denisot le contacta en avril 2003, Francis Graille pensait plutôt faire une offre pour acquérir Saint-Etienne. Mais ce malin de Denisot sait comment convaincre ses interlocuteurs. C'est Graille qui raconte :

— Francis, pourquoi est-ce que tu ne prendrais pas le PSG ?

— Je ne sais pas, il y a plusieurs choses qui me dérangent dans ce club. 1. Les hooligans : c'est un vrai problème. 2. La communication : tout le monde parle, dans ce club. 3. Je n'ai pas de légitimité à présider le PSG. Je ne suis ni un ancien joueur ni un dirigeant historique. La seule façon d'être légitime à Paris, pour moi, c'est de devenir actionnaire du club.

Graille accepte finalement. Propulsé président du PSG salarié par Canal, il doit gérer le départ de Ronaldinho.

La star brésilienne veut partir, c'est un fait incontournable. Et on ne retient pas un champion du monde courtisé par Manchester United, Chelsea, Barcelone et le Real Madrid. Reste à en tirer le meilleur prix.

Graille rencontre donc Peter Kenyon, à l'époque directeur exécutif de Manchester United, qui propose une indemnité de transfert de dix-neuf millions d'euros, soit exactement ce que la société de financement du PSG a déboursé jusque-là pour Ronnie. Florentino Perez, le président du Real Madrid, fait monter les enchères : il offre vingt-cinq millions d'euros, plus l'effacement d'une dette de dix millions liée au transfert d'Anelka à Paris en 2000. Mais il ne confirmera jamais cette offre par écrit.

A quatre reprises, Kenyon se déplace pour rencontrer Graille. « Il semblait faire des calculs d'épicier, raconte Francis. Il proposa d'abord vingt-quatre millions et demi. Puis vingt-huit. Plus tard vingt-deux millions d'euros. C'était à Roissy, à l'hôtel Sheraton, en compagnie de sir Alex Ferguson, absolument décidé. »

L'ancien président du PSG me raconte aussi Abramovitch. L'oligarque russe vient de racheter Chelsea. Il débarque en voiture blindée, vêtu d'un ensemble en jean et chaussé de baskets. La scène se passe dans les nouveaux bureaux du PSG au Parc des Princes en présence de Lionel Dreksler. Abramovitch est accompagné d'un député russe et de trois gardes du corps :

— Votre Ronaldinho, je le veux ! Je le paie six millions d'euros par an. Quelles sont vos conditions ?

Francis est en pleine négociation avec Manchester et sait que le Russe est prêt à casser sa tirelire pour son club, sa nouvelle folie. Il tente de faire monter encore les enchères.

— Ce sera quarante millions d'euros.

— Je vais réfléchir, lance Abramovitch en tournant les talons.

Quatre jours plus tard, il fera savoir qu'il n'est pas intéressé.

Dans le même temps, Joan Laporta, le nouveau président du Barça, se manifeste par l'intermédiaire d'un ami de Francis Graille, Manuel Arroyo. C'est le directeur général d'une compagnie espagnole possédant les droits TV et commerciaux des grands prix des championnats du monde de moto. Graille est un fou de bagnoles et il a travaillé pendant huit ans avec lui lorsqu'il possédait sa société de production audiovisuelle.

Arroyo arrange un rendez-vous le 14 juillet 2003 à Lyon entre Graille et Laporta. Francis vient chercher le président catalan en Porsche à l'aéroport de Lyon-Satolas et l'emmène dîner à la Villa Florentine, un restaurant gastronomique du vieux Lyon. Assistent également à ce dîner Roberto Assis, Manuel Arroyo et Sandro Rosell, bras droit de Laporta et ancien représentant de Nike au Brésil.

Graille m'a affirmé que, pendant le repas, il n'a pas démordu de son prix fixé à trente millions d'euros. A un moment, Laporta saisit son téléphone et appelle Johan Cruyff, son conseiller spécial, la conscience du Barça. Simultanément, Graille appelle Halilhodzic. Scène rigolote s'il ne s'agissait pas de sommes énormes.

— Vahid, est-ce que tu es d'accord pour laisser partir Ronnie si on en tire un bon prix ?

— Hum... OK.

C'est ainsi que Ronaldinho, le joueur le plus talentueux qu'ait connu le PSG, est parti au Barça. Le club parisien n'en a pas tellement tiré profit – quelques brindilles de millions d'euros –, puisque le joueur appartenait à cette fameuse société Sport Plus, qui a tout empoché ou presque. Pourtant, c'est le PSG qui avait payé pendant deux ans l'énorme salaire de la star brésilienne.

L'autre gros dossier que doit gérer le nouveau président du PSG, c'est le licenciement de Luis Fernandez. Luis, qui remplissait les fonctions occupées auparavant par Bergeroo et Lamarche, avait donc deux contrats : un CDD pour la fonction d'entraîneur, un CDI pour le poste de manager. Il touchait pour chacun d'eux soixante-cinq mille euros brut par mois. Francis savait que Luis était une idole au PSG, et même s'il avait annoncé lui-même son départ, il voulait le ménager. *A priori*, Fernandez s'était répandu dans la presse pour annoncer qu'il ne réclamerait aucune indemnité au PSG. Mais il vient finalement voir Graille et lui dit tout de go :

— Je ne suis plus l'entraîneur du PSG, OK, mais je reste le manager. Comment on fait ?

— Luis, tu as annoncé que tu partais. C'est une démission totale.

— Non, je ne démissionnerai pas.

Graille refuse de lui verser des indemnités. Fernandez se fâche mais touche l'équivalent de trois mois de salaire, son préavis. Ironie du sort, Francis Graille vivra un an et demi plus tard une scène comparable avec son ami Vahid Halilhodzic qu'il a fait venir à Paris. Avec les difficultés, les mauvais résultats et la paranoïa ambiante qui touche Vahid, il devient impossible de conserver l'entraîneur bosniaque.

Le mardi 8 février 2005, vers 20 heures, au Parc des Princes, Graille annonce son licenciement à Halilhodzic. Vexé, le Bosniaque se lève, reproche à son désormais ex-ami d'avoir cédé sous la pression de Canal + et s'en va. Graille lui envoie ensuite une convocation pour un entretien préalable. Un rendez-vous auquel Halilhodzic ne se rend pas, préférant saisir d'emblée la justice pour réclamer… neuf millions d'euros d'indemnités. Au terme des appels, la cour jugera, en avril 2008, que Halilhodzic avait rompu son contrat de travail de manière anticipée. A ce titre, elle le condamnera à verser quatre-vingt mille euros de dommages-intérêts à son ancien club, qui considérait qu'en ne s'étant pas rendu à son entretien préalable le Bosniaque avait démissionné.

Vahid a été mal défendu dans cette affaire. Il s'est retourné contre son avocat et il a obtenu récemment réparation.

Avec des états d'âme, mais par dévotion au club, Francis Graille va, pendant deux ans, procéder à un nettoyage en règle du PSG. Il met fin au système des invitations systématiques, réduit la masse salariale, recrute le commissaire Jean-Pierre Larrue pour tenter de régler les problèmes avec les hooligans.

Pendant deux ans, Francis Graille va espérer pouvoir acquérir tout ou partie du PSG. Les montants, les valorisations, les tours de table ne cesseront de changer au gré des humeurs de chacun. Pour finir, Bertrand Méheut déclare le 20 mars dans le *Journal du Dimanche* : « Ce n'est pas le moment de vendre le PSG. »

Francis est tombé du mur. Il savait que, en plus de ses soucis sportifs, le PSG se démenait dans beaucoup d'affaires judiciaires et qu'il lui faudrait attendre sans doute une période plus favorable pour finaliser son entrée au capital. Il s'associe avec Alain Cayzac, un actionnaire historique du club, pour proposer un nouveau montage. Mais il ne réunit pas assez d'argent. Ils n'ont pas les moyens de racheter l'intégralité du club. Pour Canal +, c'est tranché.

Francis va apprendre son départ du PSG en ouvrant *L'Equipe* du 2 mai 2005. C'est cette fois Pierre Blayau, l'ancien président de Rennes et patron de Geodis, qui va prendre la présidence du club. A titre bénévole.

Depuis, les entraîneurs et les présidents se sont succédé sans que jamais le PSG retrouve la stabilité. Ni Paul Le Guen, ni Guy Lacombe, ni Antoine Kombouaré ne parviendront à relancer ce club qui se débat en permanence dans la crise.

On n'en sortira même pas avec la vente du club et le retrait de Canal +.

Avec l'émergence de Lyon et de Bordeaux, le retour de Marseille sur la scène nationale, Canal + n'avait plus d'intérêt à posséder un club de foot pour donner du piment à son spectacle hebdomadaire qu'est le championnat de L1.

Dès lors, le PSG est devenu la proie facile du fonds de pension américain Colony Capital. Qui l'achète contre vingt-six millions d'euros, soit près de dix fois moins que certaines valorisations faites du temps où Francis Graille était président. Désormais, le but de Colony est de réaliser un projet immobilier autour du Parc des Princes afin de faire fructifier son investissement et de se retirer.

Tout ça n'a plus grand-chose à voir avec le foot !

7

Marseille, ton univers impitoyable

L'histoire de l'OM est paradoxale. Peu de clubs apparaissent aussi identifiés à une ville, à une région. A tel point que la première réaction des supporters est en général de se méfier des « estrangers », des Parisiens en particulier, qui débarquent pour leur donner des leçons de football. Et pourtant, à bien y regarder et à part Louis-Bernard Dancausse dans l'immédiat après-guerre, ce sont des hommes parlant pointu qui ont fait, presque malgré lui, le bonheur de ce club.

Mais comme, décidément, à Marseille, tout est compliqué, les grands présidents olympiens sont aussi ceux qui ont failli conduire le club à sa perte.

Marcel Leclerc, le premier, a eu, entre 1965 et 1972, l'idée d'un grand dessein pour Marseille. Il rachète le club en juillet 1965 pour une bouchée de pain alors qu'il se meurt en L2.

Né en Corse, fils d'un instituteur bourguignon, Marcel Leclerc est devenu rédacteur au *Méridional*, journal situé à droite dans l'échiquier politique marseillais, quand il a, en 1955, l'idée géniale de lancer le tout premier magazine de programmes de télévision. Pendant cinq ans, *Télémagazine* va tirer à près de quatre cent mille exemplaires et Leclerc va gagner des fortunes – avant que soit lancé *Télé 7 jours* qui va bientôt l'écraser.

En attendant, Leclerc triomphe et c'est à Marseille qu'il a l'intention de convertir sa réussite financière. Il tente ainsi de faire redémarrer l'OM. Et, pour motiver ses troupes, il leur propose d'abord – l'anecdote a marqué les esprits – des primes en pièces d'or et d'argent. Par poignées, il les dispose sur une grande table d'un bar du Parc Borély. Ensuite, il établira le premier système de primes aux victoires successives. Plus la série était longue, plus la prime montait de façon exponentielle. Douze ans plus tard, Claude Bez, le président des Girondins de Bordeaux, me demande de lui présenter Leclerc.

« Tu l'as connu, toi. Dis-lui de venir me voir. Je vais l'accueillir fastueusement pour un grand match de mon équipe. Il me parlera de sa méthode. »

Il prononce ce discours en bégayant, bien sûr, et en avalant quelques pastis pour se donner du courage. Sacré Claude Bez ! C'est Couécou qui vient nous chercher au Novotel de Mérignac. Pour le président girondin, Leclerc avait du génie et il souhaitait pouvoir mettre en place aux Girondins une rémunération aux points gagnés, très comparable à ce qu'avait inventé Leclerc.

Inspiré, malin, solitaire, arrogant et mégalomane au point de se présenter aux élections municipales contre Gaston Defferre, Leclerc n'a jamais voulu partager ses succès. Quitte à créer beaucoup de rancœurs autour de lui. C'est ainsi qu'à ne pas vouloir pactiser avec Lazareff et le groupe Prouvost qui lui proposaient l'achat de *Télémagazine* pour une fortune, il conduisit l'hebdomadaire à sa perte.

De la même façon, en laissant les administrateurs de l'OM dans l'ignorance de toutes ses manœuvres financières et sportives, il se les mettait à dos. Et au moment où l'OM vient de remporter son deuxième championnat de France consécutif en 1972, alors que l'équipe est superbe avec dans ses rangs des joueurs comme Magnusson, Skoblar, Novi, Couécou, Lopez, Loubet, Gress, le président Leclerc est viré par son homme de confiance et adjoint René Gallian.

« *Tu quoque mi fili*... Je sais, mon cher René, que le latin n'a pas encombré ta mémoire, mais tu es en train de me faire le coup de Brutus. »

Voilà ce que le grand Leclerc, front largement dégarni, toujours souriant sous la tempête, lance à celui qui va devenir dans quelques heures son successeur. Les membres du conseil d'administration demandent à Leclerc de s'expliquer sur une trésorerie défaillante alors que les recettes du Stade Vélodrome n'ont jamais été aussi bonnes. Et sur la confusion des comptes entre le club, le journal *But* qu'il vient de créer et *Télémagazine*.

On entend les cris de la dispute jusque sur le boulevard Michelet. C'est la nuit marseillaise des longs couteaux. Certains sont abattus. Ils savent que si Leclerc est fichu dehors, il n'y aura plus d'OM pendant longtemps.

C'est vers 3, 4 heures du matin, après des querelles inouïes, qu'on pousse physiquement Leclerc vers la sortie.

Poursuivi par la justice pour malversations et abus de biens sociaux, Marcel Leclerc évite la prison mais il regagne pour toujours le banc de touche.

Quinze ans plus tard, un autre homme à poigne occupera le siège présidentiel de l'OM : Bernard Tapie. Comme pour Leclerc, son septennat fera le bonheur et le malheur du club. Il s'étalera entre 1986 et 1993, année de l'affaire VA-OM qui conduisit Tapie à sa fin politique.

Tapie s'est fait connaître en rachetant des entreprises en difficulté pour leur faire subir une cure d'amaigrissement, les relancer afin de mieux les revendre. Il fut souvent conseillé à l'époque par un jeune avocat d'affaires extrêmement habile : Jean-Louis Borloo, qui devint ensuite président du club de Valenciennes, maire de la ville, puis actuellement ministre de l'Environnement.

Manufrance, La Vie Claire, Look, Terraillon, Testut, Wonder, Donnay, Adidas sont ainsi passés entre les mains de Bernard Tapie. Avec plus ou mois de réussite selon les cas.

C'est d'abord dans le cyclisme que Tapie a exercé ses talents de manager appliqués au sport. En recrutant les meilleurs coureurs du moment, son équipe a à peu près tout gagné. Il décidait d'ailleurs à l'avance qui, de Hinault ou de LeMond, remporterait le Tour de France.

Mais sa grande folie fut l'Olympique de Marseille. Faire gagner Bernard Hinault ne lui suffisait pas. Il lui fallait quelque chose de plus vaste, de plus brillant, de plus international. Il l'obtient en 1986 à la faveur d'un déjeuner avec Gaston Defferre, le tout-puissant maire de Marseille et de son épouse, l'écrivain Edmonde Charles-Roux.

Suivront le transfert de Jean-Pierre Papin, qui sera sacré cinq fois meilleur buteur du championnat de France avec l'OM, mais ne gagnera pas la Coupe d'Europe, transféré un an trop tôt au Milan AC. Celui de Waddle, le magicien anglais aux dribbles déroutants. Et puis, dans le désordre, les Amoros, Barthez, Boli, Cantona, Desailly, Deschamps, Di Meco, Pelé, Sauzée... qui feront se pâmer les travées du Vélodrome.

Durant les premières années de Bernard Tapie à l'OM, je ne serai jamais vraiment dans ses petits papiers. J'observe une distance journalistique respectable, même si je suis satisfait et heureux, disons-le, de la nouvelle réussite de l'OM. Sans me virer du stade comme il le fit plus tard pour mon ami Grimaud, il n'apprécie pas certains papiers que je rédige à l'antenne où il est question d'un déficit temporaire dans les comptes du club. Je découvre vraiment la gouaille du personnage à force de le croiser dans les couloirs du Sofitel Vieux-Port où il a sa suite. Nanar me raconte volontiers l'histoire du transfert manqué de Maradona. Avec un art absolu de sa propre mise en scène, il m'explique comment il a séduit Maradona qui ne demandait plus qu'à quitter Naples pour le suivre à Marseille. C'est du Belmondo dans ses meilleurs moments. Je suis sidéré. L'homme est un conteur hors pair. Qu'il dise vrai ou faux, on le suit.

« J'ai envoûté Diego, me lance Tapie. Maradona regardait ma montre avec curiosité et envie. Tu la veux ? Je la lui donne ! Et voilà... »

Maradona, me dit-il, est prêt à le suivre au bout du monde.

Sur la Corniche, la villa est prête. Dans le port, le bateau attend son capitaine. Sauf que c'est Ferlaino, le redoutable président de Naples, qui a le dernier mot.

Il faut bien comprendre qu'à l'époque le contrat à temps en vigueur en France depuis la réforme Séguin n'a pas cours dans toute l'Europe. Les joueurs sont liés à un club et ils ne décident pas librement de leur départ. C'est ce qui est arrivé au désormais fameux Jean-Marc Bosman.

L'histoire est trop longue à raconter, mais en résumé ce joueur belge était bloqué par son club de Liège. Il a fallu des années de procès et le principe du traité de Rome sur la libre circulation des travailleurs dans l'Union européenne pour que le pauvre Bosman, ruiné et divorcé, vivant chez sa mère, obtienne gain de cause.

La Cour de justice européenne rend son arrêt fin 1995, un document de vingt-neuf pages qui va révolutionner le football européen. Désormais, le contrat à temps, le contrat à durée déterminée en somme, au terme duquel le joueur est libre de signer où bon lui semble, est étendu à toute l'Union européenne. Les quotas de nationalité sont déclarés illégaux. Un club peut désormais commencer un match avec onze étrangers du moment qu'ils sont ressortissants de l'Union. La valse des transferts peut commencer.

Si Bosman avait remporté son combat quelques années plus tôt, Maradona aurait peut-être signé à Marseille. Jorge Burruchaga, son copain dans la sélection argentine, lui a parlé en bien de l'OM et du championnat de France. Burruchaga, champion du monde 1986 et finaliste en 1990 aux côtés de Maradona, évolue alors à Nantes, tout comme Jean-Jacques Eydelie et Christophe Robert. Nous retrouverons ces trois hommes au cœur du scandale VA-OM en mai 1993.

Eydelie, entre-temps transféré à Marseille, est sommé par Jean-Pierre Bernès, l'adjoint de Tapie, de demander à trois joueurs clés de l'équipe de Valenciennes de « lever le pied » contre une bonne somme, lors du déplacement de l'OM dans le Nord. L'enjeu n'est pas tant la victoire, qui semble promise à l'OM en tête du championnat, que d'éviter les blessures avant la finale de la Ligue des champions, le 26 mai, que l'OM doit disputer contre le Milan AC.

En bon petit soldat de cet OM, Eydelie contacte donc ses anciens coéquipiers Christophe Robert et Jorge Burruchaga. Venus en stars à Valenciennes, ils ne se sont jamais vraiment adaptés dans le Nord et n'ont qu'une idée en tête, quitter cette équipe qui sombre.

Pourtant, Burruchaga se méfie. Il a de la mémoire. Il s'est déjà fait rouler. Il exige donc des garanties quant à la livraison des deux cent cinquante mille francs promis. Jacques Glassmann, le défenseur de l'équipe nordiste, approché lui aussi, ne marche pas dans la combine. Bien au contraire, il va la dénoncer.

Dans un premier temps, l'affaire ne fait pas grand bruit. La France tout entière s'abandonne à la douce euphorie de la première victoire d'un club français dans une Coupe d'Europe. Le problème, c'est que Robert et Burruchaga ont réellement touché l'argent et que la part de Christophe Robert a été retrouvée pendant l'été, enterrée dans le jardin de ses beaux-parents. La preuve irréfutable !

Peu à peu, le président de l'OM va s'embourber dans ses contradictions. Bernès va craquer et avouer. Eydelie aussi. Le procès et son appel condamneront Tapie.

A la radio, nous nous étions réparti les tâches pour couvrir l'affaire. Pierre-Louis Basse s'était rapproché de Jean-Pierre Bernès. Moi, j'étais resté en contact avec Bernard Tapie. J'ose dire que je le compte désormais parmi mes amis. Coupable, il l'est. Aussi certainement qu'il n'est pas l'inventeur de la corruption dans le football. Et il a payé pour cela. Ce que je retiens de cet homme, c'est son extraordinaire force de caractère, son bagou incroyable et, oui, sa générosité dans les sentiments. Tapie est un homme d'excès, capable de vous emmener au bout du monde en vous persuadant que le bonheur s'y trouve. Marchand de rêves ? Peut-être. Mais je suis sûr qu'il y croit aussi.

J'en veux pour preuve qu'au retour du procès en appel de VA-OM qui se tenait à Béthune je me trouve dans la Safrane de Bernard. Et contre toute évidence, il me déclare :

— Tu as vu, Saccomano, c'est dans la fouille, on va le gagner ce procès. Le président du tribunal accepte nos arguments. Je te donne une interview dès qu'on arrive à Paris.

— Attention, Bernard, ne te fie pas aux apparences !

Dans ces cas-là, la force d'autopersuasion de Tapie est incommensurable. Je le laisse dire. Je le laisse s'emporter.

J'irai le voir en prison.

Tapie est revenu dans le foot, à l'OM, en 2000, à la demande de Robert Louis-Dreyfus qui, devant le bordel incessant au sein du management de l'OM, avait imaginé un attelage contre nature. Il avait réuni les deux plus grands ennemis de la Terre : Pierre Dubiton, ancien expert-comptable du club, homme de droite, voire plus encore, fanatique du club, d'une rigueur obsessionnelle dès qu'il s'agissait d'orthodoxie comptable, et Bernard Tapie, affiché homme de gauche ou pas loin, pas vraiment sensibilisé à la notion d'équilibre financier et de transparence. Chacun avait sa part de responsabilité : la direction sportive pour Tapie, la direction des finances pour Dubiton. Selon le vieux principe napoléonien qui veut que l'inimitié entre généraux leur permette de se contrôler mutuellement et d'éviter les erreurs. En l'occurrence, ce fut l'une des plus mauvaises décisions de RL-D. Devant la guerre des tranchées qui était en train de miner son club (Tapie finalisant un nombre incalculable de transferts, Dubiton refusant de signer les contrats), il nomma un ancien magistrat, Etienne Ceccaldi, au poste de président délégué pour rétablir un certain ordre. Rapidement, celui-ci écarta Dubiton en septembre 2001, lequel lui cassa le nez en représailles quelques semaines plus tard. Tapie jeta à son tour l'éponge au début de l'année 2002. Et jure depuis qu'il ne remettra plus les pieds dans le football.

J'ai l'impression que, sur ce coup-là, on peut le croire. Je l'ai encore régulièrement au téléphone. Il a souvent, en toute décontraction, participé à « On refait le match ». Cela a donné lieu d'ailleurs à des échanges qui nous ont quelquefois amusés puisque les autres invités l'appelaient « commissaire Valence », du nom du héros de la série qu'il a incarné depuis sur TF1.

En fait, il n'y a plus que deux choses qui intéressent Bernard Tapie. D'abord, le conseil aux puissants. Il aime qu'on le consulte. Je sais qu'il a souvent rencontré Sarkozy ces derniers mois. Il a clairement choisi l'influence au pouvoir lui-même. Et puis, ce qui le fait encore rêver, c'est le métier de comédien. Son premier métier en somme, puisqu'il avait connu un début de notoriété en tant que chanteur. A cette époque, il avait modifié l'orthographe de son nom pour faire plus américain. C'était le 45 tours de Bernard « Tapy ».

Si les destins de Tapie et de RL-D à l'OM se sont confondus pendant une courte période, les années 1996-2009 resteront celles de Robert Louis-Dreyfus. L'héritage qu'il va laisser après sa disparition en juin 2009 est encore en suspens.

Je sais déjà à l'époque que c'est un amoureux du sport, du football et aussi de l'OM, même s'il en a sans doute un peu rajouté au moment d'investir dans le club. Il voulait un club de football, c'est certain, c'est l'OM qu'il a eu, tant mieux. Mais, à la différence de bien de supporters marseillais, je ne lui reprocherai jamais de ne pas connaître le foot. Bien avant sa prise de contrôle du club, je l'avais rencontré à plusieurs reprises. Dès qu'il le pouvait, il assistait aux grands matchs européens, et je l'ai souvent croisé à Barcelone, à Madrid, à Londres, dans les stades ou les grands hôtels la veille ou l'après-midi des matchs. RL-D était un *sportsman*, au sens britannique du terme, un amateur de sport et de tout ce qui l'accompagne. C'est ainsi qu'il m'avait fait part de son envie d'investir un jour dans le football français bien avant son arrivée effective à l'OM. Je savais donc que ce n'était pas un coup de tête, ni un investissement spéculatif ou stratégique, mais que cela correspondait à une envie véritable et sincère.

Pour autant, il n'a jamais été un technicien et n'a jamais prétendu l'être. Il faisait pour cela confiance aux hommes qu'il nommait. Il écoutait, prenait des avis et, quand il sentait quelqu'un prêt à s'investir pour mettre en pratique les solutions qu'il préconisait, il lui confiait la direction des opérations avec toute sa confiance. C'est ainsi qu'il a procédé avec Rolland Courbis. C'était sa façon à lui de dire « chiche ! ». « OK, tu penses que c'est comme ça que ça peut marcher ? Alors vas-y ! Prouve-le ! »

Robert Louis-Dreyfus aimait la gouaille et le sens tactique de Courbis. Il est vrai que Rolland a toujours été très fort pour tenter des coups tactiques audacieux. Je me souviens d'un de ses premiers succès en la matière, lors de la saison 1987-1988. Il était alors l'entraîneur d'un Sporting de Toulon tout juste promu en L1 qui devait affronter le Paris Saint-Germain. Et à quelques heures du match, Rolland me dit avec toute sa faconde : « Tu vas voir, on va battre Paris. C'est sûr, j'ai trouvé le truc ! »

Et le soir, effectivement, Toulon s'impose 1-0. En fait, Courbis avait remarqué que tout le jeu du PSG partait d'Oumar Sène, qui jouait alors milieu de terrain axial très replié, une sorte de libéro avancé. De lui dépendait toute l'animation offensive du PSG. Pour le contrer, Rolland avait fait monter au poste d'avant-centre un défenseur de métier, de devoir, un rugueux et plus que ça, nommé Luigi Alfano. Ce type-là avait complètement neutralisé Sène en lui faisant un pressing démoniaque. Résultat : l'équipe parisienne n'avait plus de munitions. Tous ceux qui connaissaient mal le football s'étaient demandé ce soir-là à Mayol pourquoi Courbis avait aligné Alfano leader d'attaque.

A l'OM, devenu entraîneur, Rolland Courbis a eu l'ambition de recruter les meilleurs joueurs français du moment, les Robert Pires, Laurent Blanc, Gallas, Maurice, Dugarry… Sauf que pour cela, il a eu recours à des manœuvres que la justice lui a reprochées. Courbis est un malin, trop sans doute. Mais je lui conserve toute mon amitié. Il a été une nouvelle fois emprisonné en 2009. Auparavant, il a fait remonter Montpellier en L1. C'est pour moi une belle façon de payer sa dette au football.

Robert Louis-Dreyfus a également nommé de façon surprenante le journaliste Christophe Bouchet à la présidence de l'OM. C'était un peu déroutant, car Christophe avait jusque-là une vision journalistique du foot. Ce qui l'intéressait surtout, d'ailleurs, c'étaient bien plus les grands patrons du foot que les comptes-rendus de matchs. Il en avait même fait un livre avec les vies dans les clubs des Pinault, Tapie, RL-D, Lescure. Mais il avait un avis sur la façon de faire gagner l'OM et RL-D aimait ça.

Je me souviens que, trois jours avant sa nomination, Christophe, alors encore journaliste au *Nouvel Observateur*, était venu me trouver en tribune de presse :

— Eugène, tu es en voiture ? Est-ce que, après le match, tu pourras me déposer en ville, chez Vincent, aux Cinq-Avenues ?

C'était l'un des restaurants très courus des supporters marseillais.

— Bien sûr, pas de problème.

Pendant le trajet, Bouchet n'avait cessé de me parler de Bernard Tapie et de Robert Louis-Dreyfus. Il me posait des questions comme un confrère qui veut tout savoir sur Marseille où il avait été correspondant de l'AFP pendant quelques années.

— Que faut-il faire ? Tout a changé depuis mon époque, hein ? Qu'est-ce que tu en penses ? me demandait-il à tout propos.

Robert Louis-Dreyfus n'a jamais été tordu dans son mode de raisonnement vis-à-vis de l'OM. Il faisait confiance et laissait les gens travailler. Et même avec les médias, s'il se faisait rare comme tous les grands patrons, il ne cherchait jamais à les manipuler. Il suffisait souvent de poser simplement la question. C'est ainsi que j'avais eu le scoop de l'arrivée, en provenance des Girondins, de Rolland Courbis comme entraîneur de l'OM en 1997. RL-D m'avait fait confirmer l'info par un de ses proches et Rolland ne m'avait pas démenti.

Sur le plan des résultats, il faut bien admettre que l'OM n'a pas rendu à RL-D tout l'investissement, ni financier (près de trois cents millions d'euros) ni affectif, qu'il a bien voulu lui consentir. Robert Louis-Dreyfus était chagriné de n'avoir rien remporté avec ce club. D'autant plus qu'il avait approché de près les trophées. En 2004 et en 1999 avec deux finales de C3, perdues respectivement contre Valence (0-2) et contre Parme (0-3). Et en 1999 avec une deuxième place du championnat de France derrière Bordeaux. Il faut dire qu'en plus, cette année-là, l'OM a pu s'estimer floué d'un titre de champion de France. Lors de la dernière journée, le 29 mai 1999, Marseille s'en était allé tranquillement gagner à Nantes (1-0) tandis que Bordeaux, qui comptait un point d'avance au classement, se déplaçait au Parc des Princes.

On avait alors assisté à un match très étrange durant lequel les Parisiens, qui n'avaient plus rien à gagner ou à perdre dans ce championnat, n'ont jamais semblé concernés par la rencontre. Menés au score, ils étaient revenus à deux reprises. D'abord sur un but du genou de Bruno Rodriguez, l'un des Parisiens les moins en vue cette année-là, puis sur un but de la tête d'Adailton, un Brésilien qui n'avait jamais trouvé sa place dans l'équipe et que personne n'est allé récompenser pour son but. Quand finalement, à la dernière minute, Pascal Feindouno avait trompé Bernard Lama, le public du Parc des Princes avait exulté comme pour une victoire de son équipe.

Plus que tout, en effet, en vertu d'une vieille jalousie entretenue de façon assez irresponsable au début des années 1990 par les dirigeants de Canal + qui voulaient donner du sel à leur produit phare qu'était le championnat de France de L1, les supporters parisiens souhaitaient que Marseille ne remporte pas le titre. Quitte à ce que, pour cela, le Paris-SG s'incline à domicile devant le futur champion de France. L'atmosphère dans le stade était vraiment des plus étranges. Et s'il n'y avait eu à la tête de l'OM Rolland Courbis, lui-même sympathique expert en filouteries, qui n'en a pas rajouté et est resté relativement sobre dans la déception, sans doute le soupçon sur l'attitude des joueurs parisiens aurait-il plané de façon beaucoup plus lourde.

Toujours est-il que l'OM n'a rapporté aucun titre à Robert Louis-Dreyfus et qu'il en a souffert. Mais ce qui l'a le plus affecté, c'est d'avoir été condamné par la justice française dans l'affaire des transferts de l'OM.

Que son nom soit mêlé à des manœuvres frauduleuses l'a considérablement touché, en même temps qu'il luttait, dans une terrible course contre la montre, contre la leucémie qui le rongeait.

Il faut aussi savoir que c'était un drôle de mec, capable de parler foot tout en jouant au poker toute la soirée avec Courbis et ses acolytes. Un aréopage pas vraiment conforme à celui que devait côtoyer RL-D dans les conseils d'administration. Je crois que Robert Louis-Dreyfus aimait cette façon de s'encanailler avec les gens du football. Sauf qu'il n'imaginait pas que ça le mènerait jusqu'à la barre d'un tribunal correctionnel.

En octobre 2007, à la suite de transferts reconnus comme frauduleux initiés par Rolland Courbis pour faire venir à l'OM Laurent Blanc, Robert Pires ou Fabrizio Ravanelli, Robert Louis-Dreyfus est condamné à dix mois de prison avec sursis et à deux cent mille euros d'amende. Pour lui c'est infamant. Et il s'en est fallu de peu, à cette époque, qu'il jette aussitôt l'éponge. Mais il avait plus important à faire, luttant notamment contre cette leucémie qui finira d'ailleurs par l'emporter.

S'il était parti à ce moment-là, même sans trophée, il aurait laissé une situation apaisée. Sur le plan sportif et financier, l'OM s'était en effet stabilisé sous la direction de Pape Diouf comme président et d'Eric Gerets qui venait de succéder à Albert Emon au poste d'entraîneur.

Seulement, au cours des mois qui ont suivi, la relation entre Pape Diouf et le conseil de surveillance de l'OM, présidé par l'homme de confiance de RL-D Vincent Labrune, ne va cesser de se détériorer. Diouf estime qu'il ne doit en référer qu'à Robert Louis-Dreyfus. Qui le renvoie sur Labrune. Celui-ci, sans doute sur recommandations de son patron, tient à décortiquer de près la comptabilité de l'OM afin qu'aucun épisode judiciaire ne se reproduise. C'est finalement Labrune qui aura le dernier mot. Juste avant la mort de l'actionnaire, Diouf, qui vient pourtant de recruter Didier Deschamps, un joli coup, est démis de ses fonctions.

C'était le début d'une nouvelle période de troubles pour Marseille qui, à mon avis, n'est pas près de se terminer.

Lorsqu'il a fallu trouver un président à l'OM, Vincent Labrune, qui connaît bien Jean-Claude Dassier, ancien patron de LCI et directeur de l'information sur TF1, le contacte. Dassier n'hésite pas longtemps. C'est une jolie façon pour lui de quitter la direction de la rédaction de TF1 où tout n'était pas rose.

Pour l'OM, le choix n'est pas aussi farfelu qu'il y paraît.

Evidemment, au premier abord, la plupart des observateurs se posent des questions. Pourquoi encore un journaliste à la tête d'un club de foot ? Pourquoi encore un Parisien à l'OM ? Mais non, malgré les apparences, le journalisme ne prédestine pas à devenir président de club. Ce sont les liens entre le foot et les médias qui facilitent les échanges.

C'est vrai que la tradition est ancienne. Il y eut Marcel Leclerc (président de l'OM et éditeur de *But*), Pierre Cangioni (OM, TF1), Christophe Bouchet (OM, *Le Nouvel Observateur*), Michel Denisot (PSG, Canal +), Charles Biétry (PSG, Canal +), Laurent Perpère (PSG, Canal +), Noël Couëdel (Lorient, Groupe Amaury), Francis Graille (PSG, France 3). On pourrait aussi citer les cas de Pascal Praud (ex-TF1, devenu directeur général du FC Nantes), Frédéric Jaillant (ex-TF1 passé à l'OM puis devenu conseiller de Frédéric Thiriez). On a connu aussi l'inverse (un patron de club qui migre vers la télévision), mais moins souvent. Jean-Michel Roussier (OM, Onzéo) est le seul dans ce cas si l'on excepte le retour de Michel Denisot vers sa maison mère.

Mais pourquoi foot et médias font-ils aussi bon ménage ? Tout simplement parce que si, comme le fait justement remarquer Michel Denisot, avoir été journaliste n'aide en rien à embrasser la fonction difficile de président de club, football et télévision sont intimement liés. « Toute la L1 sur Canal + ! » « Le meilleur du foot sur TF1 »... Les slogans sont connus. Le football, sport populaire par excellence, est un vecteur d'audience considérable pour la télévision, à tel point que Canal + en a fait sa deuxième jambe avec le cinéma.

En contrepartie, le foot tire l'essentiel de ses revenus des droits TV. Conséquence logique, ces deux mondes sont proches, se connaissent, vivent des mêmes passions, ont les mêmes intérêts, leurs représentants se lient.

Du temps où il était responsable des sports, Dassier a négocié pour TF1 les droits TV de la Ligue des champions. L'OM y a participé plus d'une fois. Etc. Logique.

Vincent Labrune, ancien conseiller de Robert Louis-Dreyfus, et Jean-Claude Dassier se sont rencontrés à TF1. Labrune, directeur de la communication, a présenté les deux hommes l'un à l'autre en 2003. Ils se sont appréciés, ont suivi des matchs de l'Euro 2004 ensemble. RLD a invité Dassier à la Coupe du monde 2006. En 2007, Vincent Labrune a avancé le nom de Dassier pour prendre la présidence du conseil de surveillance de l'OM. Compliqué d'accepter un tel poste tout en restant à TF1. C'est finalement Labrune qui hérite de la fonction. Mais, deux ans plus tard, Dassier devient président à la demande de RL-D. Tout est cohérent.

J'ai connu pour ma part Jean-Claude Dassier à Europe 1 où il était entré en 1968. Il avait été viré de France Inter pour y avoir fait grève pendant les événements de Mai. Une erreur de jeunesse ne peut-on que penser quand on connaît Jean-Claude qui est un homme fermement ancré dans la droite républicaine. Il me revient d'ailleurs à ce sujet une anecdote. A Europe 1, j'avais surnommé la nouvelle équipe dirigeante, composée à cette époque d'Etienne Mougeotte, Robert Namias, Charles Villeneuve, Gérard Carreyrou et Jean-Claude Dassier, les « capitaines portugais ». Ils venaient en somme de réussir un putsch, écartant les anciens avec la bénédiction de Lagardère. L'appellation ne reflétait pas tout à fait la réalité car les jeunes militaires auteurs de la révolution des Œillets en 1974 qui avait mis fin au régime fasciste de Salazar étaient plutôt connus pour leurs convictions de gauche – encore qu'à l'époque Carreyrou et Namias dirigeaient la section CFDT de la rédaction de la rue François-Ier.

Dassier était en tout cas un très bon journaliste et un grand bosseur. Il est rapidement devenu le présentateur du journal de 7 heures le matin, puis rédacteur en chef (1975) et enfin directeur adjoint d'Europe 1 (1981).

D'abord aux côtés de Mougeotte dans le projet de Lagardère candidat à la privatisation de TF1 en 1986, il rejoint l'équipe du vainqueur, le groupe Bouygues, l'année suivante. Il deviendra dès lors un pilier de TF1 et dirigera LCI, la chaîne d'information du groupe.

Je lui dois à cet égard une fière chandelle puisque c'est lui qui, en 2002, m'a offert l'antenne de LCI pour donner à « On refait le match » une audience et une visibilité plus large encore qu'à RTL. Ce choix pouvait surprendre, car l'émission, véhémente, débridée, bordélique parfois, ne collait pas vraiment avec le ton global de l'antenne, résolument sérieux et policé. Mais il cadre bien avec les convictions de Dassier. C'est lui qui en 1988 avait lancé sur TF1 cet ovni du paysage audiovisuel français qu'était « Va y avoir du sport ». Animé par Dominique Grimault et Roger Zabel, cette émission n'avait aucun tabou. Et si le « Zapping » de Canal + avait existé à cette époque, « Va y avoir du sport » en aurait eu, j'en suis sûr, les honneurs chaque semaine.

Dassier est aussi l'instigateur des soirées de Ligue des champions sur TF1.

Dès qu'il rencontre Deschamps, Jean-Claude Dassier adhère au plan de l'ancien capitaine de l'équipe de France. A Monaco, pour son premier poste d'entraîneur, Deschamps avait expérimenté une collaboration qui avait bien fonctionné avec Jeannot Werth, son propre agent, devenu en somme directeur sportif du club. Les deux hommes, qui s'entendaient alors très bien, choisissaient ensemble les joueurs qu'ils souhaitaient recruter, parfois directement dans le vivier de joueurs anciennement sous contrat avec Werth.

Didier Deschamps a voulu reproduire la même formule avec son nouvel agent, Jean-Pierre Bernès.

Je l'aime bien, Bernès. Il a fait une connerie, il a payé.

J'avais même été approché par son avocat de l'époque, Gilbert Collard, pour faire un livre à la suite de l'affaire OM-VA. Devant la somme réclamée par Collard, l'éditeur et moi y avions renoncé. J'ai cependant gardé de bonnes relations avec Jean-Pierre, même si mon informateur privilégié sur l'OM a toujours été Bernard Tapie.

Mais le retour de Bernès aurait rappelé les heures sombres de l'affaire VA-OM.

Dans un premier temps, Dassier a suivi le plan de Deschamps. Il a même menacé de ne pas prendre la présidence de l'OM si ça ne se faisait pas. Et puis il s'est rendu compte que c'était une grosse bêtise et il a fait machine arrière.

Résultat : Deschamps n'a pas eu le recruteur qu'il espérait. Son sort se trouve désormais lié à un président qu'il connaît peu. Mais surtout les deux hommes, heureusement couverts par Labrune et le conseil de surveillance, sont la cible d'une sorte de complot interne visant à les éliminer pour favoriser le retour de Gerets. A la tête de cette conjuration se trouve l'un des responsables de l'OM. Il a infiltré avec efficacité tous les secteurs du club, de l'administration à la communication, et même une partie de la presse marseillaise. Sur le banc de touche, Deschamps sait que certains de ses adjoints risquent de le trahir. Et quelques groupes de supporters, manipulés comme ceux de Paris du temps de Fernandez, vont jusqu'à réclamer ouvertement, sur des banderoles ou par des slogans, le retour de Diouf et de Gerets. A Montpellier, on a même vu un calicot haineux : « Grimault et Roustan, cassez-vous ! » Que je sache, le boulot qu'ils accomplissent au sein d'OM TV et d'om.net est loin d'être déshonorant par rapport à ce qui se faisait auparavant. Ils ont la tare d'être parisiens, bien que Roustan soit un authentique Cannois. Et même ancien sélectionné dans les équipes de jeunes du Sud-Est.

Face à cette situation, Dassier a tenté d'apaiser les esprits en augmentant considérablement les rétributions de certains membres du club parmi les plus véhéments. Il espérait s'assurer ainsi leurs bonnes grâces. Sauf que Deschamps n'a pas réussi un recrutement idéal. Faire revenir Fernando Morientes en

France était un mauvais choix. Il avait brillé à Monaco, il y a cinq ans, mais il est aujourd'hui cramé. Il n'apporte rien à l'OM.

Or, sur le boulevard Michelet, quand l'équipe ne tourne pas sur le terrain, les coursives s'agitent très vite.

C'est le propre d'un club qui ressemble à sa ville. Exubérant, vindicatif, explosif, mais terriblement passionnant. On aime ou on déteste. On n'échappe pas à la culture méditerranéenne. Je le sais, je suis né à Marseille et j'ai grandi, si l'on peut dire, à Nîmes.

D'ailleurs, beaucoup de supporters, les plus anciens peut-être, mettent l'OM au féminin. « Qu'est-ce qu'elle a fait l'OM, hier ? », « L'OM, elle joue ce soir. » On parle de ce club comme d'une belle femme. Ceux qui ne sont pas du coin ont du mal à comprendre. Je me souviens par exemple d'un président déniché par Dreyfus, venant à la fois d'Adidas et de Suisse. Il faut quand même le faire ! Il avait l'impression que son parachute avait atterri chez les Zoulous.

En ce printemps qui précède la Coupe du monde, on peut raisonnablement s'interroger sur l'avenir de l'OM. Allez, je vais me risquer à un pronostic dicté par les événements de coulisses et par quelques approches d'agents qui préparent la future saison.

Imaginons que Laurent Blanc accepte de prendre en main l'équipe de France, ce qui, à l'heure actuelle, ne paraît pas invraisemblable. Deschamps, qui est viscéralement un homme du Sud-Ouest, pourrait s'installer à Bordeaux. Et qui reviendrait diriger l'équipe marseillaise ? Gerets, bien sûr.

La cabale, mûrie depuis des mois, recueillerait sans souci le fruit tombé de l'arbre.

Attention, ce n'est pas une info, loin de là, mais une supputation personnelle. Pas une info, car j'ai l'impression que Laurent Blanc hésitera avant de s'engager avec la Fédération.

Beaucoup de gens pensent que l'OM est dirigé, ou contrôlé d'une certaine façon par le milieu. La mauvaise réputation a du mal à quitter le Vieux-Port !

C'est complètement faux. Ce qui est vrai en revanche, c'est que les gens du milieu marseillais ont toujours adoré l'OM et qu'ils se sont rendus très souvent au Stade Vélodrome, qu'on les y a vus en bonne compagnie. Pas dans la tribune d'honneur mais pas loin, en tribune Jean-Bouin. Et puis, avec la médiatisation extrême de ce sport et les ennuis avec les supporters belliqueux, les stades sont remplis de policiers équipés de caméras vidéo qui captent le moindre visage. Loger un voyou devient trop facile.

Alors évidemment, certains petits affranchis tournent autour du club. Ils roulent les mécaniques, font croire qu'ils exercent une véritable influence, tentent quelquefois de piquer des espèces chez les supporters. Ils procèdent comme ils le font partout ailleurs, par intimidation. Mais il est faux de dire que le crime organisé a partie liée avec l'OM.

D'une façon plus générale, le grand banditisme n'est pas très intéressé par le football parce que l'argent tourne à l'intérieur du système, même pour les transferts. Faire un fourgon de la Brinks se révèle plus rapide et plus juteux.

J'ai la conviction que la mafia, telle qu'on se la représente, avec des boss, des capitaines, des soldats, n'existe pas. Même en Italie. Pas de Marlon Brando, pas d'Al Pacino, ni de coupole à l'américaine. Il n'y a qu'à voir les misérables *capi*, tout penauds, derrière leurs grilles dans les tribunaux napolitains. En avez-vous vu des parrains comme ceux qu'arrêtent épisodiquement les *carabinieri* et qui viennent de se cacher pendant vingt ou trente ans de leur vie dans un vieux cabanon délabré ?

Par essence, le voyou reste avec une petite équipe, dangereuse certes, mais ce n'est pas une armée qui contrôle tout un pays, sauf évidemment dans certains Etats d'Amérique latine. Il y a des groupes, des bandes (voir *Gomora*), des familles, qui rapidement s'entre-tuent pour s'emparer des combines du voisin, mais pas de mafia organisée au niveau d'un pays ou d'un continent, avec un chef suprême qui, d'un signe de main, décide du sort des uns ou des autres. Le banditisme, ce n'est pas du cinéma. Ou alors avant guerre, du temps de Borsalino.

A Marseille, ville où le deuil brutal fait partie du paysage comme en Sicile, en Corse ou en Grèce, il y a des voyous comme à Paris ou Lyon.

8

Maradona

L'une des attractions de la Coupe du monde sera évidemment la présence de Diego Maradona à la tête de la sélection argentine. Le personnage est extraordinaire dans ses outrances comme dans le souvenir qu'en gardent les amoureux du football.

Quand on veut établir bêtement le classement des plus grands joueurs du monde, toutes générations confondues, on a tendance à lui préférer le roi Pelé dont il ne reste que des vieux films d'actualités en noir et blanc. Pelé, c'était le grand artiste de l'après-guerre, avec l'épure dans le jeu qui le conduisait invariablement vers le but adverse. Pas ou peu de grigris. Encore moins que le lumineux Matthias Sindelar, le Juif autrichien des années 30 qui ne voulait pas jouer dans l'équipe du grand Reich. Avec Diego sont arrivés les arabesques et les coups de génie.

J'ai le culot de le mettre en tête de ma liste. C'est un Mozart qui ne poudrerait pas sa perruque, un concertiste des bas quartiers, vulgaire, presque sale, mais sublime lorsqu'il s'agit de tripoter le ballon. Derrière lui, pêle-mêle, je cocherais Pelé, Cruyff, Platini, Zidane, Messi.

Depuis sa plus tendre enfance, il a été soit adulé soit rejeté. Quand son père le présentait, tout gamin, à des entraîneurs de Buenos Aires, les techniciens croyaient avoir affaire à un petit voyou au front bas, à l'insulte facile. Plus tard, on l'a même exhibé comme un phénomène de foire avec des jonglages interminables. Son club historique, Boca Junior, multipliait ensuite les tournées pour montrer son prodige. A tel point que Maradona a craqué et a même voulu arrêter de jouer.

Lorsqu'il a été transféré pour huit millions de dollars au Barça, il a été accueilli en héros. Il dispute cinquante-huit matchs et inscrit trente-huit buts. Identifié par toutes les défenses de Liga comme l'ennemi à abattre, il subit agression sur agression, au cœur d'un championnat et d'une époque où les artistes ne sont guère protégés. Il a la jambe brisée par ce boucher qu'était Goikoetxea et il se gave déjà de cocaïne.

Je me souviens qu'on l'annonçait comme le futur héros de la Coupe du monde 1982 en Espagne. Il est en effet irrésistible lors du premier tour et inscrit notamment deux buts contre la Hongrie (4-1). Au second tour, l'Argentine est opposée au Brésil et à l'Italie. Face à la Squadra Azzura, il est marqué à la culotte par l'abrasif Claudio Gentile. Un calvaire. L'Italie l'emporte 2-1, Maradona est écœuré. Au match suivant, contre la Seleçao, il venge un partenaire d'un solide coup de pied dans le bas-ventre d'un Brésilien : carton rouge. Fin du Mondial.

Il a ensuite vécu sa belle et mouvementée histoire d'amour avec Naples. Comme toujours, il est adulé pour son jeu par le Sud de l'Italie et détesté par ce qu'il représente au nord. Lors du premier match à l'extérieur, à Vérone, une banderole avait été déployée à l'adresse du club de Naples par des *tifosi* antisudistes : « Bienvenue en Italie. »

J'adore cette déclaration qu'il avait faite à l'époque : « J'ai grandi dans un quartier privé de Buenos Aires. Privé d'eau, privé de lumière, de téléphone. »

En puis, Maradona, c'est la « main de Dieu » lors du Mondial 1986. C'est lui qui a inventé cette expression. Il ne se justifie pas. Et puis son deuxième but, lors de cet Argentine-Angleterre qui venge son peuple, quatre ans après la guerre des Malouines ! Quel but ! Je pourrais encore m'emporter et monter dans les aigus pour le commenter.

Partant de sa moitié de terrain, Diego dribble six adversaires, effectue trente-sept enjambées et vient battre le gardien Peter Shilton. Même Bobby Robson, le sélectionneur anglais, lui a rendu hommage : « Son second but est fantastique. Je n'ai jamais aimé Maradona, mais je l'ai admiré. »

Quatre ans plus tard, lors de la Coupe du monde 1990, c'est le divorce avec l'Italie. Ironie du sort, c'est à Naples que l'Argentine dispute sa demi-finale face à... l'Italie. Pour la première fois, Maradona est sifflé à San Paolo. L'Argentine se qualifie aux tirs au but (4 t.a.b. 3). Mais Maradona perd le soutien du peuple.

A Rome pour la finale, le stade olympique ne cesse de le siffler. Les Italiens prennent fait et cause pour les Allemands. Maradona encaisse toute la partie le marquage viril de Guido Buchwald. Il ne touche que vingt-deux ballons. A la quatre-vingt-cinquième minute, les Argentins, réduits à dix après l'expulsion de Monzon, concèdent un penalty inexistant. Au moment de recevoir la breloque du vaincu, sous les lazzis de la foule, Maradona fond en larmes. Je suis allé le rencontre quelques mois plus tard, à la demande de *Paris Match*. Il venait d'être contrôlé positif à la cocaïne et des écoutes téléphoniques de la police napolitaine prouvaient qu'il avait recours aux services de prostituées. Il s'apprêtait en fait à quitter l'Italie où il écopera de quatorze mois de prison par contumace pour consommation et trafic de cocaïne.

Evidemment, il n'avait pas reconnu les faits lorsque je lui avais parlé. Ça avait donné à peu près ceci :

— Diego, comment vis-tu cette période trouble ?

— Je vais rentrer en Argentine. Je suis fatigué par tout cela. Et je ne veux pas que mes deux filles s'imaginent que leur père est un bandit.

— C'est pourtant ce que racontent les journaux italiens avec cette nouvelle affaire de cocaïne...

— C'est faux. C'est la campagne anti-Maradona qui continue. Je ne veux pas répondre à ce genre de questions.

— Est-ce la fin de ton histoire d'amour avec l'Italie ?

— C'est la fin. J'arrête au mois de mai prochain et je rentre en Argentine. Avec Claudia, avec Dalminta et Giannina, mes filles, et avec mes sous.

— Tu pars parce que tu es couvert de sarcasmes et d'ennuis ?

— Pas du tout. Je répondrai d'ailleurs à toutes les convocations de la justice si cela est nécessaire.

— Ici, on dit maintenant que tu joues comme un vieux !

— Ce n'est pas vrai. Platini a connu comme moi la pression du foot italien. Demande-lui ! Je ne peux plus la supporter.

— Pourquoi ?

— Parce que je ne peux plus me promener dans la rue sans provoquer une émeute. Parce qu'on s'intéresse plus à ma vie privée qu'à mon activité professionnelle.

— Ça te gêne tant que ça ?

— Oui. J'ai toujours revendiqué le droit de choisir ma vie d'homme. Et ça ne regarde personne d'autre que moi. Même si l'on prétend que certains de mes amis ne sont pas recommandables.

Bien sûr, Maradona ne s'est jamais présenté devant la justice italienne. Le fisc a même procédé en janvier 2010 à la vente aux enchères d'une boucle d'oreille du Pibe qui lui a rapporté vingt-cinq mille euros. Une broutille au regard des trente-six millions d'euros que Maradona doit encore aux impôts italiens. Ah oui, il avait aussi oublié de me dire qu'il ne payait pas toujours ses impôts !

Après son départ de Naples, il a multiplié les écarts. Il a été arrêté plusieurs fois. Il est impardonnable lorsque, en janvier 1994, il tire sur des journalistes avec une carabine à air comprimé.

J'ai eu la chance de le revoir six mois plus tard, pendant la Coupe du monde 1994, aux Etats-Unis. Il avait réussi son pari de revenir en forme à temps.

Il avait marqué pour le premier match de l'Argentine face à la Grèce.

C'était tellement énorme pour lui qu'il s'était précipité devant l'objectif d'une caméra. Il avait alors hurlé sa joie ou sa rage, l'œil fou et le visage grimaçant, tel un diable, éternellement de retour. Ensuite, l'Argentine avait battu le Nigeria et on se disait que Diego allait peut-être nous faire vivre une Coupe du monde extraordinaire. Las, quelques heures plus tard, il a été contrôlé positif à l'éphédrine.

Je m'étais alors rendu à l'hôtel où résidait l'équipe nationale. De la fenêtre de sa chambre, il nous avait fait un doigt d'honneur, bien dans sa manière et son éducation, le pauvre.

J'avais pu le coincer quelques secondes avant qu'il pénètre le lendemain dans le salon où se tenait sa conférence de presse. Il m'avait tout simplement demandé des nouvelles de Platini. Rien d'autre.

Il avait ensuite quitté la Coupe du monde plus abattu que jamais après quelques phrases pathétiques, au bord des larmes. Je me souviendrai longtemps de cette déclaration qu'il avait faite à un confrère sud-américain qui lui avait demandé :

— Mais que veux-tu de plus, toi qui es champion du monde, adoré de la planète et père de deux filles superbes ?

— Qu'on m'aime encore plus ! avait répondu Diego.

Après l'arrêt de sa carrière, Maradona a fait deux overdoses et il est devenu obèse. Grâce à la pose d'un anneau gastrique, il a maigri enfin durablement à partir de 2005. Avec lui, rien n'est jamais tiède. Lorsqu'il animait « La Nuit du 10 », une émission de télé en Argentine, il s'est même réconcilié avec Pelé. Les deux génies du jeu n'ont cessé de se disputer tout au long de ces années pour savoir qui d'entre eux était le meilleur joueur du monde. Lorsqu'il reçoit Pelé dans « La Nuit du 10 », Maradona chante, danse, dribble et met fin à leur vieille querelle :

— J'ai eu beaucoup de chance dans ma vie, lance-t-il d'abord. Car j'aurais pu être un plus mauvais footballeur que Pelé.

Silence gêné du Roi qui s'attend à une nouvelle provocation.

— Alors qui a été le meilleur joueur de nous deux ? reprend Diego. Ma mère pense que c'est moi, mais la maman de Pelé est persuadée du contraire.

Depuis, le débat est clos. Les deux hommes s'embrassent quand ils se rencontrent. Même si Diego ne peut s'empêcher de lancer quelques anathèmes, il reste à mes yeux multiple : sincère et menteur, génial et truqueur, attachant et désarmant, capable de résumer en toute naïveté sa passion : « Le football, c'est aussi fort qu'aimer sa maman. »

Dans mon esprit, l'image de Maradona est indéfectiblement liée à la Coupe du monde, même si ce n'est qu'un aspect de sa carrière. Sans doute parce que les Coupes du monde rythment la vie d'un journaliste sportif, comme les élections présidentielles balisent celle d'un reporter politique.

9

Mes Coupes du monde

Je m'apprête donc à vivre ma neuvième Coupe du monde en tant que journaliste. En fait, ce sera presque la dixième puisque, en 1974, j'étais dans un studio de la rue François-Ier en compagnie de Fernand Choisel et de notre consultant Roger Piantoni, grand joueur des années 50. Commentaires au rabais car nous n'avions pas le budget nécessaire pour couvrir une Coupe du monde sans la France. Mais c'était déjà un sacré spectacle que de regarder les accélérations de Cruyff à la télévision. Quel dommage qu'il ait refusé de jouer la suivante. En 1978, avec lui comme grand capitaine, qui sait si la sélection Orange n'aurait pas battu l'Argentine en finale sous les yeux de l'immonde Videla.

Quatre ans plus tard, en dépit des simagrées de Bernard-Henri Lévy, les Bleus d'Hidalgo et de Platini vont en Argentine chez ce salopard de Videla qui se débarrassait de ses opposants en les faisant jeter d'avion, vivants, dans le fleuve de La Plata. Il y avait un seul joueur de gauche dans cette équipe de France Dominique Rocheteau. Il hésite mais il ne peut guère officiellement refuser une sélection pour des problèmes de conscience politique. Il part avec les autres mais dit ce qu'il ressent dans la presse.

Nous avions, pour la première fois depuis la nuit des temps, une très belle équipe avec Platini, Michel, Trésor, Bossis, Bathenay, Rocheteau, Lacombe, Six. Un arbitrage trop partial privera les Bleus du second tour.

Il faut dire aussi que le groupe n'avait pas l'habitude des grandes compétitions. Depuis les années 60 et la déroute en Angleterre, la France s'enterrait dans l'Hexagone sans apercevoir l'ombre d'une phase finale. Donc, le déplacement en Argentine prenait des allures de colonie de vacances. Dans cette joyeuse anarchie, deux affaires éclatent : jeu de maillots et marquage des chaussures. A Mar del Plata, l'intendant des Bleus oublie les maillots à Buenos Aires et court les clubs de la station balnéaire pour trouver finalement un jeu à bandes verticales vertes et blanches.

Plus embêtant, les joueurs, pas très bien payés à l'époque, demandent une prime pour marquer les trois bandes blanches sur leurs chaussures d'une célèbre marque d'équipements sportifs. S'ensuit une polémique à laquelle se mêlent toutes les composantes du foot français et au-delà. En France, la presse se déchaîne. On demande l'avis des politiques et des supporters sur les plages de l'été.

Fait étonnant : deux jours plus tard, lorsqu'ils apprennent que les journaux français n'ont pas apprécié leur attitude, les joueurs convoquent carrément les journalistes pour une conférence de presse où ils nous reprochent de les avoir critiqués après l'affaire des bandes Adidas. Tous ne sont pas d'accord. Il n'y a pas unanimité.

— Comment as-tu pu écrire des choses pareilles ? lance Jeannot Lopez à Dominique Grimault. Comment prétendre qu'on avait mis Didier Six en quarantaine ?

— Mais c'est toi qui me l'as dit ! lui rétorque Grimault. Eclat de rire dans la salle. Belle ambiance.

Le pauvre Six en pleurs sera consolé par ses coéquipiers, y compris Jeannot Lopez.

Sur le gazon du centre d'entraînement du Montico, nous réussissons avec deux confrères italiens à réunir, pour une interview croisée et une flopée de photos, les jeunes stars Paolo Rossi et Michel Platini. Ils ignorent qu'ils seront coéquipiers à la Juventus de Turin quelques années plus tard.

— Si un jour je suis transféré à la Juve, j'offrirai du caviar à Paolo, annonce Platini.

— Ce qui ne m'empêchera pas dès demain de marquer un but contre la France, lui répond Paolo Rossi dans un éclat de rire.

Ce qu'il fera effectivement en égalisant pour les Azzurri après le but météorique de Bernard Lacombe. L'Italie battra la France 2 à 1.

En 1982, en Espagne, je comprends pourquoi les Espagnols ne nous aiment guère : je découvre, pour de vrai, au musée du Prado *Tres de mayo*, l'un des chefs-d'œuvre de Goya. La toile représente la fusillade par les soldats napoléoniens des résistants espagnols en chemise blanche.

Dans un premier temps, nous sommes installés à Valladolid, à proximité de l'hôtel campagnard de l'équipe de France. Tous les soirs, à la nuit tombée pour ne pas éveiller la jalousie de certains médias, je rejoins Michel Platini qui est notre consultant. C'est Gérard Soler qui assure le relais et prévient Platoche de ma présence. Nous enregistrons deux minutes sur l'actualité des Bleus et ses commentaires sur les autres matchs.

Michel avait en ce temps-là un sacré caractère. Il se blesse et ne joue pas contre l'Autriche. Genghini le remplace et fait un malheur. Question : doit-il revenir dans l'équipe pour jouer contre l'Irlande ?

J'envoie Jean-Yves Dhermain lui poser la question. Fureur du capitaine français. Crime de lèse-majesté. Il envoie promener Dhermain et veut rompre le contrat qui le lie à Europe 1. Ça s'arrangera.

Je ne vais pas m'étendre sur France-Allemagne à Séville. Tout le monde connaît l'histoire.

Au Mexique, en 1986, nous sommes partis pour près de deux mois. Il fallait, disait-on, s'acclimater à l'altitude. Henri Michel, entraîneur deux ans plus tôt des champions olympiques, avait pris la direction de l'équipe, secondé par un champion de pétanque, Gérard Banide, dix fois plus fort en matière de football que tous les coaches que l'on a connus depuis, y compris l'actuel.

A Guadalajara, Fernandez n'en revient pas d'avoir réussi le penalty que venait de louper Platini. Contre le Brésil de Socrates, en quart de finale, la France joue l'un des plus beaux matchs de son histoire. Pour les commentaires radio, tout va bien, mais pour les papiers au téléphone, on nous répond invariablement : « Mañana por la mañana. » Autrement dit, vous aurez la ligne avec Paris demain matin.

Jean-Marc Ferreri et Philippe Vercruysse nous font croire, contre la Belgique pour le match de la troisième place, que la relève est assurée.

Le jour de la finale entre l'Argentine et l'Allemagne, j'ai la honte de ma vie. Jean-Yves Dhermain, mon adjoint sur place, « M. Je-sais-tout », ne sait pas tout mais il sait beaucoup de choses. Il a même gagné cent vingt mille francs à « Questions pour un champion ». Il connaît parfaitement, dit-il, l'itinéraire conduisant en voiture au Stade Aztèque. Résultat : nous arrivons dix minutes après le début du match que l'on doit couvrir en direct.

J'aperçois sur notre poste de commentateur un célébrissime journaliste politique d'Antenne 2, fana de foot et maire de Marly-le-Roi, François-Henri de Virieu. Le casque sur la tête, il fait patienter comme il le peut Paris qui ne cesse de nous appeler.

— S'il y a un but, leur dit-il, je vous le signale. Mais j'aperçois Saccomano...

Louper un coup d'envoi, ça ne m'est jamais arrivé et ne m'arrivera jamais plus. Vingt-cinq ans plus tard, j'en ai toujours honte.

A part ça, le Mexique vient de nous offrir l'une des plus belles Coupes du monde.

Quatre ans plus tard, pour Italia 1990, Giresse est notre consultant. La France ne s'est pas qualifiée. Avec Pierre-Louis Basse et la famille Giresse, on prend trois ou quatre kilos dans le restaurant voisin de notre hôtel. Et on entend, le soir de la finale, Maradona qui insulte le public italien : *hijos de puta*, « fils de pute ». L'Argentine se fait voler sur un penalty inexistant. C'est tout. Mondial raté, sauf pour l'ambiance et pour Rome.

A Dallas, l'Amérique se fout de cette Coupe du monde 1994 comme de sa première chaussette. Là aussi, la France a raté sa qualification et elle a trouvé un superbe bouc émissaire : Ginola. C'est vraiment dégueulasse de l'accuser quand on revoit les images de France-Bulgarie, au Parc des Princes.

L'Amérique donc, comme le claironnait Joe Dassin. Le premier jour, à Chicago, atteint d'une aphonie soudaine, embêtante dans mon métier, je me rends sur les conseils du manager de l'hôtel au Grand West Hospital. Je vais y découvrir le système de santé américain et m'apercevoir que le politologue libéral Guy Sorman nous raconte des histoires.

J'ai attendu deux heures pour être enregistré et pour présenter ma carte de crédit, deux nouvelles heures pour la consultation et la délivrance d'une ordonnance.

Heureusement, O. J. Simpson, le joueur de foot américain accusé du meurtre de sa femme, était en train de fuir la police, poursuivi par les voitures des agents fédéraux, toutes sirènes hurlantes, et deux ou trois hélicoptères. En direct à la télévision. Grand spectacle !

Ensuite, il a fallu passer à la caisse ! Une petite fortune. Je laisse à Sorman sa belle Amérique. Sur ce plan-là, et même sur le reste, je préfère notre vieille Europe.

En ce qui concerne le football, les tirs au but ratés de Baggio et de Baresi, en finale contre le Brésil, vont faire pleurer « Little Italy ».

En 1998, je regretterai de ne pas avoir vécu, un tant soit peu, le délire collectif. Longtemps après la finale, ayant terminé mon travail vers 1 heure du matin, je suis Guy Roux dans l'un des parkings du Stade de France. Il ne retrouve plus sa voiture avec laquelle nous devons rejoindre le studio d'Europe 1 installé Porte Dauphine. Comme je le raconte plus haut, on passe une demi-heure à la chercher avant qu'un employé nous donne un coup de main. Nous arrivons pour la clôture de l'émission.

Les joueurs sont tous rentrés, en famille, à Clairefontaine. Certains que je peux joindre sur leur portable auraient préféré aller s'étourdir dans une folle nuit parisienne.

Deux jours plus tard, grande réception dans les jardins de l'Elysée. Chirac et Jospin, enfin réunis dans la joie collective, étreignent les joueurs. Je me trouve un peu à l'écart en compagnie de Philippe Séguin.

« Regarde-les ! Pff... Ils ne comprennent rien au football, me dit-il, et ils font comme si... C'est ça, tu vois, la politique, hélas. »

On vous a tout raconté sur la victoire bleue de 98. Je n'insiste pas.

Ayant réussi mon transfert à RTL, je file au Japon et en Corée pour la Coupe du monde 2002. Roger Lemerre est aux commandes des Bleus, secondé par mon ami le Gardois René Girard. Les joueurs n'ont pas pu encaisser la préparation physique, tous usés par leurs championnats.

« Ils sont sur les genoux, me dit René. Et quand le corps n'est plus là, le mental dérape. »

Les résultats sont catastrophiques. Zidane, blessé dans un match de préparation qu'il n'aurait pas dû jouer, ne reviendra figurer qu'au dernier match de poule perdu contre le Danemark.

Englués dans leurs doutes, les champions du monde et champions d'Europe rentrent à la maison, la queue entre les jambes.

Nous allons, nous les journalistes, à Yokohama pour la finale. Avant de partir pour le stade ou quelques jours plus tôt, je ne m'en souviens plus, je me trouve dans notre chambre-studio du vingt-deuxième étage, dans un hôtel qui est une usine à dormir. Près de moi, Stéphane Carpentier, Jérôme Millagou et notre technicien. Soudain, les stylos roulent sur la table. Une trouille brutale nous saisit. Sous les pieds de notre immeuble, deux plaques tectoniques dansent le tango.

— On part ? On descend ?

Je pose la question. Le téléphone sonne. C'est notre correspondant à Tokyo. Il nous rassure :

— Des secousses comme la vôtre, il y en a presque toutes les semaines au Japon.

Sur le stade, au terme d'un petit mois très chiant, Ronaldo plante deux buts aux Allemands et donne la cinquième étoile aux Brésiliens.

En Allemagne, ce sera le pire et le meilleur pour les Bleus. Domenech est au pupitre. Première surprise : il vire Dhorasso qui est le moins mauvais des attaquants contre la Suisse. Match soporifique. Après, il y a la Corée du Sud et le Togo. Sinistre. La France se qualifie d'extrême justesse grâce à Vieira. Elle est assez nulle. Les supporters français se déchaînent, tout comme la presse. Ils insultent Raymond qu'ils porteront aux nues dix jours plus tard.

« On joue bêtement, sans consigne et surtout sans animation offensive », me dira un joueur qui exige l'anonymat.

Pas de déclarations, sinon officielles, contrôlées, fliquées. A la conférence de presse quotidienne, Domenech donne dans la langue de bois, répond à côté ou fait dans la provocation.

Au château, niché dans une forêt au sud de Hanovre, quelques anciens se parlent. Aux entraînements, ils se mettent à jouer comme ils en ont envie, mais discrètement, en faisant semblant d'appliquer les consignes.

Le résultat ne tarde pas. Les Bleus éliminent l'Espagne dont les journalistes écrivaient que Zidane ressemblait à un retraité sur le terrain. C'est lui qui marque le troisième but, superbe.

Il sera le roi du terrain contre le Brésil, donnera la balle de but à Thierry Henry. Le grand Pelé sera estomaqué. La France retrouvée joue son meilleur match.

C'est encore lui en demi-finale contre le Portugal qui marque le penalty de la victoire.

Les supporters, ne sachant pas grand-chose de ce qui se passe à l'intérieur du groupe, réhabilitent massivement Domenech. Nous étions des menteurs et des ignares, nous les journalistes, qui avions dénoncé au début la médiocrité de cette équipe.

Je croise l'un des supporters des plus passionnés des Bleus, Patrick Bruel, dans les couloirs du stade olympique de Berlin, le soir de la finale : « Je te l'avais dit, souviens-toi... Vous n'avez jamais cru en Raymond... Regarde, on est en finale ! »

Hélas, le football, c'est aussi la roulette. A Rotterdam, la France avait battu l'Italie qui lui avait été supérieure pendant tout le match. Ici, c'est exactement le contraire qui va se passer. Les Bleus, meilleurs dans tous les domaines, s'inclinent dans des conditions dramatiques, à dix, après le coup de boule et l'expulsion de Zidane.

10

Les favoris

Comme pour tous ces grands rendez-vous, la période d'excitation qui les précède est parfois aussi agréable que la compétition elle-même. Car il faut bien se rendre compte qu'un Euro, une Coupe du monde, des JO se traduisent de plus en plus souvent pour les journalistes en kilomètres d'autoroute, en heures d'avion, en courtes nuits et en heures d'attente avant d'improbables points presse d'où ne filtre aucune information.

Je ne fais absolument pas la fine bouche en écrivant cela. J'oserais encore moins me plaindre d'avoir eu cette chance fabuleuse de vivre ces épisodes marquants de l'histoire du sport. J'essaie seulement de faire comprendre qu'une phase finale est une période où le reporter n'est jamais en position de prendre du recul par rapport à l'événement qu'il couvre. Ce n'est parfois que bien des années plus tard qu'il se rend compte que ce qu'il a vécu était exceptionnel et que ça vaut le coup de l'évoquer à nouveau des années après. J'espère donc que cette première édition de la Coupe du monde en Afrique restera dans les mémoires.

Sur le plan sportif, j'aimerais qu'elle permette de bousculer la hiérarchie des nations qui s'est installée en dix-huit éditions du Mondial.

C'est devenu une règle : les pays d'Amérique du Sud ne l'emportent pas en Europe ; les pays d'Europe ne l'emportent jamais en Amérique du Sud. Ce serait sympa d'y déroger avec la fin de cette bipolarité, même si, les deux fois où la Coupe du monde s'est déroulée sur d'autres continents (Amérique du Nord en 1994 et Asie en 2002), c'est le Brésil qui s'est imposé.

L'Espagne est pour moi le parfait candidat pour renouveler les têtes des champions du monde. Elle a survolé l'Euro, qui est de loin la compétition la plus relevée. Ses joueurs sont titulaires dans les plus grands clubs européens. Si Luis Aragones, le sélectionneur qui avait officié à l'Euro était contesté, notamment pour ses prises de bec avec les confrères et ses propos racistes, en particulier à l'encontre de Thierry Henry, Del Bosque est respecté de tous. Sous sa gouverne, l'équipe a enchaîné les succès dans son groupe qualificatif pour la Coupe du monde 2010, face notamment à la Bosnie, la Belgique ou la Turquie.

J'espère que la victoire de l'Espagne à l'Euro 2008 l'a décomplexée. Car si les clubs espagnols ont toujours tenu le haut du pavé en Europe, la sélection s'est régulièrement trouée lors des grands rendez-vous. En mettant fin à une période de quarante-quatre ans sans trophée international, la victoire de l'Espagne à l'Euro, la deuxième de son histoire, a changé son statut au regard des observateurs internationaux et de ses adversaires. Elle n'était jusque-là qu'une équipe séduisante, à l'instar de la Russie, mais qui ne confirmait jamais en phase finale. Il lui reste à parvenir au titre suprême pour chasser définitivement cet *a priori*. Et si elle y parvenait, en outre, d'une aussi belle manière qu'à l'Euro, j'en serais ravi.

L'Espagne sera en tout cas une équipe hyper solide. Elle s'est baladée en qualification, remportant ses dix matchs, ce qu'aucune autre équipe européenne n'était parvenue à réussir ces deux dernières années.

Et puis, durant la Coupe des confédérations, sorte de grande répétition un an avant la Coupe du monde, même finalement éliminée de façon assez surprenante par les Etats-Unis en demi-finale, l'Espagne a égalé le record d'invincibilité détenu par le Brésil (trente-cinq matchs sans défaite), puis elle a battu un autre record, celui des victoires consécutives, codétenu par le Brésil, l'Australie et la France de quatorze victoires d'affilée pour le porter à quinze.

C'est selon moi le grand favori du Mondial devant un groupe d'outsiders composé du Brésil, éternel abonné aux phases finales, de l'Angleterre, des Pays-Bas, de l'Argentine et de l'Italie.

Les Anglais ont cette année la chance d'avoir un sélectionneur d'une très grande compétence et imperméable à toute pression. A sa prise de fonctions, en décembre 2007, Fabio Capello n'a pas hésité ainsi à écarter David Beckham, qui risque de pointer définitivement à quatre-vingt-dix-neuf capes, contre l'avis général. De plus, il s'est gravement blessé en mars et ne sera pas en Afrique du Sud.

Depuis, l'Angleterre gagne et s'appuie sur des joueurs de talent et d'expérience (Terry, Rooney, Ferdinand, Lampard, Gerrard, Cole, Walcott...). Sa seule vraie faille, à mon sens, reste le gardien de but. C'est presque une tradition anglaise depuis 1966, la sélection à la rose ne trouve pas de bons gardiens. Et sans un grand gardien, on ne gagne pas la Coupe du monde.

Je vois bien les Brésiliens poursuivre sur leur lancée. Ce qu'on a vu à la Coupe des confédérations, c'est que Dunga, l'ancien défenseur rugueux de la Fiorentina et du Brésil champion du monde en 1994, a bâti une Seleçao à son image : méthodique, organisée, solide. Il doit néanmoins faire face à un problème en défense : Lucio et Maicon sont indéboulonnables mais aucun latéral ne s'est vraiment encore imposé. Pour ce qui concerne les attaquants, c'est encore une fois l'embarras du choix avec les Ronaldinho, Pato, Nilmar, Kaká, Fabiano, Robinho… La rigueur imposée par Dunga ne devrait pas faire taire leur imagination. .

Les Néerlandais auront encore une fois une belle équipe (Van Persie, Van Bommel, Sneijder, Robben, Van der Vaart…). Ils devront composer avec un sélectionneur néophyte, Bert van Marwijk, qui, à l'exception de Dortmund, n'a entraîné qu'en Belgique et en Hollande et n'a remporté aucun titre. Il aura l'avantage d'être secondé par deux grands internationaux, Philip Cocu et Frank De Boer, mais aura-t-il la capacité à faire régner une bonne ambiance dans une sélection connue pour ses perpétuelles dissensions internes et un récurrent complexe de supériorité ? J'en doute. Lors du premier tour de l'Euro 2008, les Orange s'étaient promenés devant la Roumanie, l'Italie et la France mais, devenus favoris de la compétition, ils n'avaient pas su se défaire de la Russie.

A l'inverse des Pays-Bas, l'Italie n'offre pas toujours un jeu spectaculaire mais répond présent lors des grands rendez-vous. A l'image de la demi-finale de l'Euro 2000. Au cours d'un match d'anthologie durant lequel Zambrotta est expulsé, les Pays-Bas ratent deux penalties dans le temps réglementaire et s'inclinent aux tirs au but. L'Italie ne rate jamais ses Coupes du monde…

Quant à l'Argentine, c'est la grande interrogation. Elle aura dans ses rangs le meilleur joueur du monde, Lionel Messi. Avec en outre Tevez, Cruz, Heinze,

Maxi Rodriguez, elle regorge de joueurs décisifs. Sur le papier, elle a largement les moyens de conquérir une troisième étoile.

La question est la suivante : la présence de Diego Maradona au poste de sélectionneur depuis octobre 2008 sera-elle un avantage ou un terrible handicap ?

Le moins qu'on puisse dire, c'est que sous les ordres de Diego, l'Argentine a ramé dans les éliminatoires pour la Coupe du monde. Elle n'a terminé que quatrième de la poule d'Amérique du Sud, se qualifiant *in extremis* face à l'Uruguay (qui passera lui par les barrages et figurera dans le groupe de la France). Pire, durant ces éliminatoires, Maradona a subi la plus lourde défaite de l'Argentine depuis la Coupe du monde 1958 (battue 1-6 par la Tchécoslovaquie), avec une défaite encaissée en Bolivie (1-6, également).

La bonne nouvelle pour les Argentins, c'est la reconstitution du duo Carlos Bilardo-Diego Maradona. Bilardo, qui a été nommé manager général des équipes d'Argentine, une sorte de superviseur de Maradona, fut, de 1983 à 1990, le sélectionneur des années fastes de l'Albiceste. C'est un partisan du real football. On fait avec les moyens du bord. En 1986, il avait construit une ossature de béton (Ruggieri, Olarticoechea, Brown, Batista…) autour de son génie et des attaquants Burruchaga et Valdano. Comme en 1986, l'Argentine comptera en 2010 sur le meilleur joueur du monde, Messi. Mais le duo Bilardo-Maradona fonctionnera-t-il comme du temps des années fastes ?

Je l'espère car je conserve une place particulière dans mon cœur pour ce génie du jeu qu'est Diego. Sa vie, on l'a vu, est un roman bourré de rebondissements. Cet homme n'a cessé de côtoyer les sommets comme les abysses.

Après la victoire de l'Argentine face à l'Uruguay, Maradona a une fois de plus pété les plombs. Lors de la conférence d'après match, dans les coulisses du vénérable Estadio Centenario, il s'en est pris aux journalistes présents dans la salle et les a invités à lui prodiguer les délicatesses qu'on réserve d'ordinaire à l'intimité. La presse s'est offusquée. La FIFA a ouvert une enquête. Et Diego a été suspendu pour trois mois.

Je suis certain que ça ne lui a fait ni chaud ni froid. Mais cela m'incite à penser que, en Afrique du Sud, Diego ne fera encore une fois rien comme tout le monde.

Un journaliste-écrivain a parfaitement théorisé, il y a une quarantaine d'années, la forme de société dans laquelle nous vivons : la « Société du spectacle ». Il s'appelait Guy Debord. Elle gangrène notre monde et se répand dans tous les domaines, y compris le football.

Aujourd'hui, rien ne sert de souligner les qualités d'un joueur, mais on évalue la manière dont il va se comporter devant une caméra de télévision.

Un reporter brut de décoffrage, encouragé et poussé par les écoles de journalisme, essaiera au début de sa carrière de rechercher l'info, de la développer et de l'expliquer. Mais rapidement, et ce ne sera pas sa faute, ses chefs lui demanderont de mettre en scène cette info, que ce soit en presse écrite, à la radio ou à la télévision. Là commence l'inéluctable désastre.

On ne va pas demander au sportif interviewé, ou si peu, quel est le secret de sa réussite, mais combien d'associations caritatives il parraine ou quelles sont les femmes qui se sont embarquées dans la vie de John Terry.

A jouer professionnellement à ce jeu, le journaliste soigne sa notoriété. Désormais, l'image compte beaucoup plus que la compétence. Le grand public, mal éduqué, veut plaquer un nom ou un visage sur le présentateur. Dès lors seulement, le commentaire sera considéré comme crédible.

Je sais qu'on va me reprocher d'avoir contribué à cette déviance. Les gens s'amusent de me voir monter dans les aigus lors de certaines séquences d'« On refait le match ». Ce ne sont que des effets de manche car à la radio, si vous ne changez pas de ton en permanence, sprint ou ralenti, grave ou aigu, votre auditeur ronfle ou s'en va boire une bière.

Mais ceux qui préparent l'émission avec moi savent que, durant les jours et les heures qui la précèdent, je réclame à tous les participants de creuser les sujets que nous allons traiter. Ils peuvent témoigner que je leur demande de rapporter de l'info et des analyses étayées par des faits concrets.

C'était d'ailleurs le principe du premier talk-show sur le football en France que j'avais appelé « Le Match du lundi » : demander notamment à des journalistes de presse écrite de venir livrer à l'antenne ce qu'ils n'ont pas pu écrire dans leurs journaux. La parole est plus volatile, a moins d'impact, mais le fond reste le même : il s'agit de sortir des infos.

C'est pour cela que j'essaie de rester un homme de terrain. Et si je me déplace moins sur les stades ces dernières années, je regarde toujours énormément de matchs. Et je conserve tous mes contacts dans le milieu du football pour que l'information me remonte directement sans passer par des intermédiaires qui vont la ralentir ou la déformer.

Pour revenir et illustrer ma démonstration première sur cette Société du spectacle, ce ne sont plus les stars de cinéma, les grands écrivains ou les chanteurs qui sont les vedettes d'une soirée télévisée, mais ceux qui la présentent.

Le public va faire beaucoup plus confiance à Drucker qu'à Pierre Arditi venu raconter sa vie d'artiste. Il sera beaucoup moins sensible à Catherine Deneuve présentant son dernier film au journal télévisé qu'à la charmante Claire Chazal. Dans la rue, les gens vont courir après Pujadas ou Pernault pour un autographe tandis que passeront, en rasant les murs, Charlotte Gainsbourg ou Charles Berling.

Est-ce normal ? Bien sûr que non ! Les uns ont du talent, ce sont dans leur domaine des créateurs. Les autres, animateurs ou journalistes, passent les plats.

Il y a un peu plus d'un an, sur RTL, j'ai commis tous les matins un billet intitulé « La Pensée d'Eugène ». J'y abordais absolument tous les sujets qui animaient l'actualité. Ce billet n'a duré que six mois. Pour les auditeurs, je n'avais pas vraiment de légitimité pour parler d'autre chose que de football. J'avais cette pancarte dans le dos, « journaliste sportif », dont, comme beaucoup d'autres, je n'ai jamais pu me débarrasser.

A l'inverse, si on me demande d'animer un blog sur MSN, de prêter ma voix à des jeux vidéo ou d'écrire des livres comme celui-ci, c'est bien parce que mon nom – ou ma voix ! – dit quelque chose à une partie des amateurs de football. Je n'ai pas voulu cette relative notoriété, je ne l'ai pas volée non plus. Ce sont les hasards d'une carrière.

Je ne veux pas jouer les anciens combattants, mais j'ai connu une période du journalisme où, en étant crédible, on pouvait devenir célèbre. C'est aujourd'hui l'inverse.

Je voudrais ajouter deux mots sur le recours aux consultants. Contrairement à la plupart de mes confrères, jaloux de leur statut, je suis globalement pour la présence d'un consultant aux côtés du journaliste. Pas systématiquement, bien sûr. Il faut qu'il apporte un supplément dans le commentaire, qu'il explique ce qu'un sportif peut ressentir à tel moment d'un match ou d'une course cycliste par exemple, ce qu'il a connu, lui, lorsqu'il était sur le terrain.

Un consultant doit être capable de livrer une analyse, à chaud si possible, pointue, technique et crédible, parce qu'il possède une science du jeu que seuls les sportifs de très haut niveau peuvent avoir. S'il enfonce des portes ouvertes en répétant, dans un français souvent approximatif, ce que le journaliste vient de dire à l'antenne, l'apport de ce consultant est inutile.

Zidane, qui aurait beaucoup de choses à dire, est un robinet d'eau tiède. C'est l'exemple même de l'ancien joueur que l'on engage parce qu'il est hyper connu, premier au classement des célébrités du *Journal du Dimanche*. Il nous débitera, hélas, des banalités.

Platini, en revanche, expliquera avec conviction pourquoi telle équipe a choisi telle tactique et pourquoi elle s'y tient. Cette vision des choses aura peut-être échappé au journaliste ou au public qui suit l'émission.

Le plus fort en ce domaine était le super champion cycliste Jacques Anquetil. Dans le temps, Michel Jazy ou Pierre Albaladejo n'étaient pas maladroits dans cet exercice. Ce sont eux, tous les trois, qui ont créé la fonction. Et le syndicat des journalistes, borné comme la plupart des syndicats, avait sorti les torpilles.

Aujourd'hui, et j'en reste au seul football, Larqué, Lizarazu, Dugarry, Rouyer et Guy Roux me paraissent les meilleurs et les plus utiles aux côtés des journalistes.

Autre chose qu'il faut savoir sur la façon de travailler d'un journaliste de nos jours. Elle est compliquée. Comment pouvez-vous nouer une relation personnelle avec un joueur, qui peut-être, dans quelques années, débouchera sur un scoop ? Il est loin, le temps où je pouvais inviter à déjeuner Platini chez Edgar au lendemain d'un match de l'équipe de France. Aujourd'hui, les internationaux sont inaccessibles et leurs emplois du temps aussi chargés que ceux des ministres.

Ils ne s'entraînent pas tellement plus qu'auparavant. Mais ils sacrifient tous à la cause publicitaire. De preux conseillers leur ont bien fait comprendre qu'il leur fallait monnayer très vite leur statut de vedette. Ces experts en communication ou tout simplement leurs agents craignent les journalistes au cas où leur poulain, naïf ou sincère, se lâcherait et donnerait des informations qui ne conviendraient pas à tout le monde.

Et puis, la rancœur est vivace chez le joueur professionnel. Si l'on ose écrire, sans méchanceté, qu'untel n'a pas été bon après une série de matchs, il se fâche sans savoir qu'il se porte tort à lui-même. Le meilleur exemple nous vient de Lyon à la fin de l'hiver. Les Lyonnais soporifiques, léthargiques, endormant de leur médiocrité les fidèles de Gerland en championnat, se révoltent un soir de fraîcheur où ils battent joliment le Real Madrid. Avec talent et générosité. Dans les heures qui suivent, dans la fameuse *mixed zone*, une invention de l'UEFA, ils regagnent leur bus sans un regard et surtout sans une parole pour la presse. C'était leur manière imbécile de se venger parce que, à leurs yeux, on avait eu tort de les critiquer dans les semaines précédentes lorsqu'ils n'étaient pas à la hauteur de leur réputation.

Ce n'est qu'à la fin de leur carrière, lorsqu'ils n'ont plus grand-chose à gagner ou à perdre, que certains deviennent plus abordables.

Et là, on leur rend bien leur dédain. Ils ne nous intéressent plus.

Ils ne connaissent pas leur chance, ces pauvres conducteurs de Ferrari. En Espagne, en Italie avec les « pagelle » (les notes systématiques), en Allemagne, en Angleterre, la presse est bien plus sévère que chez nous. Et il n'y a pas qu'un seul quotidien sportif qui porte un jugement sur un match, mais quatre ou cinq !

Sachons surtout que, d'une manière générale, la presse ronronne. Elle s'aplatit comme jamais. Il y a une vingtaine d'années seulement, les critiques fusaient sans que s'accumulent les dépôts de plainte. Et ne remontons pas à la fin du XIXe siècle où Léon Bloy et Octave Mirbeau s'en donnaient à cœur joie.

Bernard Tapie m'a dit récemment : « Une partie de mes revenus provient de mes procès gagnés au tribunal. »

En fait, le seul vrai recours que nous avons est de travailler à l'anglaise : pas de contact avec joueurs ou entraîneurs. On rend compte d'une performance, c'est tout. Qu'elle soit bonne ou mauvaise. Exactement comme un critique de théâtre ou de cinéma. C'est la formule qui me convient de plus en plus.

Les plus jeunes, eux, sont obligés d'aller sur le théâtre des opérations pour enregistrer les clichés classiques qui n'apportent rien à celui qui les écoute : « Nous étions bien en place », « Nous prenons les matchs les uns après les autres »... Bref, la bouillie d'après match ! Indigeste.

Pour connaître la vie de ces stars de pacotille, pour raconter leurs histoires d'amour, les tabloïds anglais envoient leurs chroniqueurs people. Des spécialistes.

Si l'équipe de France a perdu de sa popularité, Raymond Domenech n'en est pas le premier responsable. C'est la Fédération et son président qui doivent porter le chapeau. Où sont les centres de pouvoir ? A la Fédération qui désigne le sélectionneur, au Conseil fédéral plus précisément qui a porté le président à sa tête et qui ne risque pas de le désavouer, à la Ligue nationale qui n'est pas directement concernée mais qui maîtrise les calendriers, au sélectionneur, bien sûr, à qui Escalettes, le président, a laissé une entière liberté. On devait contrôler ses actes, sa communication surtout. Vœu pieux. Il a recommencé de plus belle dans la provocation et la fanfaronnade.

Qui a décidé de désigner le successeur – pour ne pas dire le remplaçant – de Domenech juste avant le début de la Coupe du monde ? La Fédé, bien sûr, et son président. Illustre couillonnade ! Qu'on l'apprécie ou non, Domenech aura le choix entre une grosse déception ou une rancœur de bon aloi, ou encore un je-m'en-foutisme fataliste, un peu comme Santini à l'Euro 2004 au Portugal.

A cause des luttes d'influence, le DTN Gérard Houllier n'a rien à dire, comme quelques-uns de ceux qui tiennent de petites manettes, boulevard de Grenelle.

Depuis Fernand Sastre, depuis douze ans donc, il n'y a plus de bons présidents à la Fédé. Il n'y a plus d'intelligence, plus d'autorité.

Deux mots sur les fameuses consignes de Blatter.

Monsignore Blatter, grand patron de la FIFA, n'a pas encore précisé aux arbitres les fautes qu'ils devront impérativement siffler en Afrique du Sud. En principe, tous les quatre ans, il insiste sur un point du règlement et les arbitres, aux ordres et pétochards, s'empressent de l'appliquer. C'est souvent une bonne chose, comme le tacle par-derrière sévèrement sanctionné désormais.

Il faudrait déjà confirmer un règlement qui agace les Anglais : ne pas retenir ou bousculer un adversaire qui est en l'air, qu'il soit gardien de but ou joueur de champ. Dans la deuxième partie de notre championnat, cette faute a fait débat, à Bordeaux, à Monaco, dans la mesure où elle a été signalée une fois sur deux, et chaque fois contestée par les joueurs de l'équipe qui la commettaient. Comme la Direction nationale de l'arbitrage a pour habitude de faire son propre règlement, trouvons une solution avec une application régulière et permanente du règlement dans le championnat professionnel.

Ce qui devient agaçant de nos jours, c'est le flagrant délit ! Monumental. Aveuglant. La faute qui crève les yeux et que refuse de reconnaître le joueur qui l'a commise. Il accompagne ou frappe une balle en touche devant cinquante mille personnes et attribue l'erreur à son adversaire. Ça, c'est fou et fréquent. Dès lors, ne serait-il pas utile, comme au rugby, de sanctionner cette mauvaise foi par un recul d'une dizaine de mètres ? Et de sortir un carton jaune à celui qui ment effrontément. Je le raconte plus haut, le football est, hélas, le sport le plus réactionnaire du monde. Il n'a changé qu'une seule règle en soixante ans : la passe au gardien de but désormais réglementée.

Il faut malheureusement réfléchir à tout cela au lieu de déguster un homard dans un restaurant étoilé d'Edimbourg ou de Londres. Ce que font les vieux membres du Board.

Ils devraient s'apercevoir, ces messieurs, que la vitesse du jeu est dix fois plus grande qu'il y a cent ans. Pour ouvrir des espaces, pourquoi, entre autres, ne pas prendre au sérieux l'idée de Wenger voulant ramener à dix le nombre de joueurs ?

Enfin, pour en finir avec l'arbitrage, il faudrait que Michel Platini se rende compte, une fois pour toutes, que l'arbitrage à cinq est une farce très onéreuse. Il a été testé pour l'Europa League. Un fiasco. Les deux piquets qui se tiennent derrière ou à proximité des buts ne servent à rien. Beaucoup de fautes ont été commises dans la surface de réparation : tirage de maillot, adversaires retenus à bras-le-corps, mains flagrantes, fautes sur le gardien... Les mannequins n'ont pas bronché. La raison en est simple : à l'instar des juges de ligne, ils ne veulent pas désavouer l'arbitre central, leur patron, celui qui les sélectionne plus ou moins. Arrêtons ce carnaval inutile !

Je vais conclure mes propos par un sujet qui fâche. Partout en Europe et dans le monde. Le comportement des supporters.

Pour éviter les affrontements sanglants et quelquefois mortels, il faudra prendre à l'avenir des décisions incontournables. En France, les délinquants sont désormais identifiés grâce aux batteries de caméras qui garnissent les stades. Lorsqu'ils sont appréhendés, le pointage au commissariat ne donne pas des résultats probants. Grands coups d'épée dans l'eau. Pub médiatique pour la Ligue ou le ministère de l'Intérieur. Et les bagarres prolifèrent, de plus en plus violentes.

Les remèdes existent, mais ils sont effrayants.

Les Anglais ont considérablement augmenté le prix des places. Antidémocratique pour le sport le plus populaire du monde, sport haï par les intellos. Du coup, plus de hooligans à l'intérieur des stades. Ils sortent leurs couteaux dans les rues avoisinantes, chassés par la police montée. Jamais découragés, ils organisent discrètement leur affrontement à des kilomètres du lieu des matchs dont ils ne connaissent même pas le résultat.

Autre solution qui prend naissance dans les dessins du génial Enki Bilal : des murs épais de verre (Saint-Gobain ferait ça très bien) qui séparent le public des footballeurs casqués et caparaçonnés comme des joueurs américains. Plus de projectiles, plus de cris de sauvages.

Enfin, troisième solution qui va, comme la précédente, faire hurler les puristes : tendre verticalement une toile transparente devant une tribune de trois ou quatre mille personnes. Entasser, derrière, les clubs de supporters rivaux (Boulogne et Auteuil à Paris par exemple) pour qu'ils puissent s'y massacrer joyeusement. Le carnage serait officialisé. Cette tactique ressemblerait à celle de certaines brigades de police judiciaire qui préfèrent compter les morts des règlements de comptes plutôt que de courir après des truands insaisissables.

Dans une cinquantaine d'années, qui sait si la passion du football ne se transformera pas en d'épouvantables luttes tribales ? Osons espérer le contraire.

Epilogue

Je termine ce livre sur des notes pas tellement optimistes, mais j'espère que le Mondial d'Afrique du Sud va nous réconcilier avec le jeu, le beau jeu. L'Afrique, qui a tant donné au football, reçoit aujourd'hui une juste récompense. Je me souviens du sourire lumineux de Mandela, en octobre 2000, lorsque, à peine descendue de l'avion, l'équipe de France était allée lui rendre visite dans sa résidence présidentielle à Johannesburg. Certains de nos joueurs, de lointaine origine africaine, avaient été très émus.

Dans *Mes secrets du foot* que vous venez de lire ou de parcourir, j'ai fait volontairement l'impasse sur les sujets, les clubs ou les personnages que je connais mal, ou sur les formations qui, comme la plupart des trains, arrivent toujours à l'heure. J'en demande pardon aux supporters qui réclament régulièrement que l'on parle de leur équipe, même s'il ne s'y passe pas grand-chose.

En revanche, j'ai fouillé au plus profond de mes souvenirs pour vous apporter des secrets dont certains n'avaient jamais été évoqués. La vérité n'est jamais amusante, nous dit Michel Audiard, sans ça, tout le monde la dirait.

J'espère surtout que les Bleus, le staff et la Fédération auront enfin le sourire, cloîtrés une nouvelle fois dans une forteresse de rêve. Il paraît qu'il n'y a pas de pont-levis. Mais un *Ausweis* sera toujours nécessaire pour rencontrer les joueurs.

Vivement le 11 juin et une équipe de France qui, certes, n'atteindra pas le niveau de 1998 ou 2000, mais sera capable sur le terrain, nous en sommes persuadés, de faire plaisir à tous ses supporters.

Table

Cet ouvrage a été imprimé par
CPI Firmin Didot à Mesnil-sur-l'Estrée
pour le compte des Éditions Plon
76, rue Bonaparte
*Paris 6e*
en avril 2010

Composition et mise en page

NORD COMPO
multimédia

Dépôt légal : avril 2010
N° d'édition : 14536 – N° d'impression : 99566
Imprimé en France